TOTENKLAGE ÜBER EINE STADT

TOTENKLAGE ÜBER EINE STADT

Von Leo Weismantel

Herausgegeben von der Leo-Weismantel-Gesellschaft e. V.
und ergänzt durch die Berichte von Augenzeugen
der Nacht des 16. März 1945

STÜRTZ VERLAG WÜRZBURG

Besonderer Dank gilt dem Mainfränkischen Museum
für die Wiedergabe der Bilder von Willi Greiner,
dem Maler für die Reproduktionserlaubnis
sowie dem Amt für Öffentlichkeitsarbeit und
Statistik der Stadt Würzburg für die
Vorlagen zum Druck der Bilder.

Printed in West-Germany
ISBN 3 8003 0254 3

Widmung des Dichters

DEN OPFERN zum liebevollen Gedenken –
DEN MISSETÄTERN die Barmherzigkeit Gottes –
DEN MÄCHTIGEN DER ERDE aufgerichtet als
Pforte der Erkenntnis ihrer
abgründigen Torheit.

Inhalt

Ein Bekenntnis zum Leben

»— Wir werden weiterleben«: Mit diesen Worten endet Leo Weismantels »Totenklage über eine Stadt«, die aus Anlaß des vierzigsten Jahrestages der Zerstörung Würzburgs, am 16. März 1945 von der Leo-Weismantel-Gesellschaft in Zusammenarbeit mit der Stadt Würzburg herausgegeben wurde. Leo Weismantel, der Autor und Denker, den wiederzuentdecken, eine Aufgabe für Literatur- und Geschichtswissenschaft wäre, hat seine erschütternde Totenklage nicht mit einer oberflächlichen optimistischen Phrase beendet. Nein — wer wie Hiob mit Gott hadert um das Ungerechte, das Wahnwitzige und das Teuflische, das er in der Zerstörung der geliebten Stadt sehen muß, der kann nicht einfach übergehen zum Tagesordnungspunkt »Freude am Leben«. Das »— wir werden weiterleben«, so wie es die Totenklage beendet, ist ein Bekenntnis zu Gott, seiner Schöpfung und zur Kreatürlichkeit des Menschen, dem Leben aufgegeben ist. Es ist ein zähneknirschendes »Dennoch«, es ist heiße Trauer und kalte Wut, die in der Katharsis der »Totenklage über eine Stadt« sich gewandelt haben zur Erkenntnis des Lebenssinns: »— wir werden weiterleben«.

Augenzeugenberichte, Erlebnisschilderungen jener grauenhaften Katastrophe der Zerstörung Würzburgs schildern eindringlich das Leid und die Not der Menschen. Erstmals wurden in diesem Buch die authentischen Originalbriefe der Zeitgenossen zusammengefaßt, die auf Leo Weismantels Aufruf antworteten und ihre Erlebnisse in der Nacht der Zerstörung und den Tagen danach niederschrieben. Jeder dieser Berichte ist ein erschütterndes Dokument über das Leid — aber auch über die Leidensfähigkeit des Menschen.

Leo Weismantel hat — ohne die Tatsachen zu beugen — die Dokumente zur Dichtung gewandelt. Er hat das Leid der vielen, laut aufschreiend und dann wieder fast verstummend, in eine Form gebracht, die ohne Künstelei den Sinn im scheinbar Sinnlosen sucht — und schließlich aufzeigt.

Leo Weismantels »Totenklage über eine Stadt« erhält ihren Wert jedoch nicht nur aus der dichterischen Qualität, sie ist gleichzeitig ein Dokument, in dem wie unter einem Brennglas Erlebnisse vieler einzelner zusammengeschmolzen wurden zu einer Gesamtschau der Zerstörung Würzburgs. Was sonst in Zahlenkolonnen und Statistiken des Grauens dargestellt wird, das wurde von Leo Weismantel hier so wiedergegeben, daß hinter der Katastrophe das Leid des einzelnen aufscheint.

Ich wünsche diesem Buch, daß es gelesen wird von denen, die den Untergang des alten Würzburg miterlebt haben; von denen, die zu dieser Zeit nicht hier waren und anderswo Leid und Not kennengelernt haben; vor allem aber von den jungen Menschen, die unsere Welt für eine Zukunft gestalten müssen, in der sich ein 16. März nie wiederholen darf.

Dr. Klaus Zeitler
Oberbürgermeister der Stadt Würzburg

Würzburg, 16. März 1945

Ihr Freunde, Fremde, Völker aller Zonen,
laßt uns
zum ersten
gedenken
der Toten,
der Ermordeten und Erschlagenen dieser Stadt,
der Verwundeten und Beraubten, der Entwurzelten und Zerstreuten
    in alle vier Winde.
Ihrer laßt uns gedenken —
Gott geb ihnen Frieden!

*

Ihr Freunde, Fremde, Völker aller Zonen,
laßt uns
zum zweiten
der Barmherzigkeit Gottes empfehlen
alle jene,
die in Schuld verstrickt
durch Taten der Bosheit
das Gericht heraufbeschworen,
    und jene, auch, die es vollzogen haben.
O schenke ihnen, Allgewaltiger,
    Blindheit der Augen
    und Taubheit der Ohren,
    daß sie nimmer schauen und hören,
was sie getan —
wie fände ihre Seele sonst noch eine ruhige Stunde in ihrem Leben.
Erbarme Dich ihrer.

*

Ihr Freunde, Fremde, Völker aller Zonen,
laßt uns
zum dritten
die gegenwärtigen und zukünftigen Geschlechter ermahnen:
daß sie abschwören allen Taten der Gewalt und der Kriege und
aufbrechen von Stund an,
die Taten der Barmherzigkeit zu verrichten und Gefilde des Friedens
zu suchen,
und daß sie nicht eher rasten,
bis die Erde frei sei von dem Fluch, der auf ihr lastet, und frei von
Schuld,
Völker des Friedens die gegenwärtigen und zukünftigen
Geschlechter!

*

Hört, wie ich begann mit Gott zu hadern
über den Leichenfeldern der erschlagenen Stadt.

*

Hörst Du die Schreie nicht, die Nacht für Nacht von uns zu Dir emporgellen? Und wann endet diese Nacht, seit selbst die Tage voller Finsternis geworden sind?
Hörst Du nicht, daß immer mehr Stimmen schreien, die Deine Antwort heischen? ob Du denn taub geworden bist? oder ob Du schliefest? ob Du überhaupt nicht da seiest, nie dagewesen, nie da sein werdest?
Hast Du Dein Antlitz so ganz weggewendet von uns und die Erde ganz den Teufeln der Hölle überlassen, die ihr unbändiges Siegesfest feiern und ihr Triumphgeheul über Dich und über alle, die an Dich geglaubt haben, hemmungslos in die Lüfte plärren?
Du aber schweigst! — Deine Antwort ist Schweigen!
Und nur das Gelächter der satanischen Peiniger antwortet den Hilfeschreien der Gequälten!

*

Hast Du Deine Stadt gesehen in dem Tal voller Lieblichkeit? Ach, wir haben geglaubt, Du hättest dies Tal geschaffen an einem Tage an dem sehr viel Glück und Freude über Deine Schöpfung in Dir wohnte. Voller Gewürze war das Tal und voller Wohlgerüche! Hast Du schon lange nicht mehr auf die Türme niedergeblickt, die wie verlangende Hände sich emporrecken? Siehst Du sie nicht, weil immer Nacht ist über der Stadt? So wirf endlich einmal wieder Deine Sonne über sie, und Du wirst die strahlende Gestalt der jungfräulichen Mutter Deines Sohnes sehen, die segnend über den Dächern schwebt. Sie, die an Dich glauben, erzählen sich, die heilige Frau schwebe über der Stadt, sie zu beschützen! Schon einmal sei es geschehen, daß ein feindlicher Flieger die Bombenlast lösen wollte über Deiner Stadt, da habe eine unsichtbare Hand seinen Arm gehalten und ihn gelähmt, solange er über unseren Häuptern verweilte. — O, wie lachen die Geister der Hölle über die närrische Zuversicht derer, die so an Dich glauben! Du schweigst? Und gibst alle, die dieses frommen Glaubens sind, dem Spott der Hölle preis? Ohne Unterlaß geschieht das Böse, Herr, — wer immer es tue!
Siehst Du nicht, wie Häuser mit einem furchtbaren Krachen zerplatzen, die Steine der Mauern zerfetzt in die Winde fahren und die Grundmauern in sich zusammensacken? Siehst Du die Erschlagenen nicht, die dort in den Fenstergesimsen hängen, die Glieder von sich strecken und den offenen Mund, in dem der letzte Schrei erstickte, nun in stummer Gebärde zu Dir emporhalten?

Du kannst durch die Hügel der Schutthalden sehen und darunter die Verschütteten erblicken, die unter den furchtbarsten Schrecken starben. Siehst Du die Hand dort, die aus den Trümmern noch gegen den Himmel greift mit zusammengekrampften Fingern — des Entsetzens, des Fluchs? Wir wissen es nicht, aber Du weißt es wohl, Du Allwissender!
Was soll ich Dir von den Erschlagenen sagen — wo doch des Erschlagens und Erschlagenwerdens kein Ende ist! Siehst Du, wie sie flüchten und sich in die Tiefe der Keller verkriechen! Hörst Du das jammervolle Geschrei der Kinder und das schrille Gekreisch derer, die den Verstand verlieren?
Und die Hölle lacht und heult und lacht, weil ihr Tausende so preisgegeben sind ohne Widerstand!
Siehst Du jetzt das Feuer vom Himmel fallen und die Stadt verschlingen, siehst Du, wie die Menschen entsetzt aus ihren Schlupflöchern hervorschießen, vom Wirbel erfaßt taumeln und niederstürzen mit brennendem Haar? Siehst Du, wie sie vom Grauen gepeitscht davonrasen und wie sie, eingefangen von den Fallen der Brände, im Kreise jagen, bis ein lodernder Balken sie mitleidig erschlägt? Sieh dort den einen! Der hätte den rettenden Stadtrand fast erreicht, da wirft ein Teufel das Dach eines brennenden Hauses vor seinen Weg.
Und die Hölle triumphiert.
Geschieht auch das grauenvolle Vernichtungswerk Dir zu Willen, o Herr? Du schweigst, bist stille und läßt es geschehen.

*

Ich habe ein Buch — die Menschen sagen, Du habest es ihnen geschickt und es sei Dein Wort, das dort geschrieben stünde, ich schlage es auf —
— und finde geschrieben, wie Du mit Abraham gingst auf der Straße nach Sodom in der Stunde, in der Du bereit warst, jene Stadt zu zerstören —.
Da fragte Dich Abraham: »Willst Du denn die Gerechten mit den Gottlosen umbringen?« Und er fing an mit Dir um die Rettung der Stadt zu ringen. Hast Du nicht gesagt, fändest Du nur fünfzig Gerechte, nur vierzig, nur dreißig, nur zwanzig, nur zehn, so wolltest Du Sodom verschonen! Und diesmal hast Du die Gerechten nicht gezählt? — Oder Du hättest sie gezählt und ihrer nicht einmal zehn gefunden unter mehr denn hunderttausend? Ist es so? Was schweigst Du immer noch? Ist es so? — Rede! Nicht zehn Gerechte? Als ob Dein Schweigen keine Rede wäre!

— So sollen wir denn nicht länger mit Dir hadern, nicht mehr zu Dir schreien, sondern verstummen: nicht zehn Gerechte in dieser Stadt und wir alle unter den Verworfenen . . .
Siehst Du Deine Stadt im lieblichen Tal? Siehst Du das Leichenfeld der erschlagenen Stadt, die bleichenden Gebeine der Ruinen und zwischen ihnen die Toten und Verworfenen?
Und das große Schweigen der Ewigkeit wandert durch den flüchtigen Tag.

*

Wir wollen nicht hadern mit Dir noch jene anklagen, die das Böse vollbracht haben in Deiner Stadt, noch jene, die Du durch die Lüfte geschickt hast als Vollstrecker des Gerichtes an uns. Und wir wollen nicht rufen: »Sieh, meine Hände haben nie gemordet, also bin ich doch wohl ein Gerechter!« Und Dein Schweigen wollen wir begreifen! Hat es uns nicht genügt, daß Du zu Abraham kamst, um ihm zu sagen, um zehn Gerechter willen wolltest Du Sodom und Gomorra verschonen — uns aber hast Du nicht verschont! Hast Du uns nicht Deine Propheten geschickt von Jahr zu Jahr durch die Jahrhunderte und auch durch unsere Tage — Deine Wortführer und Deine Zeichen? — Wir sahen sie und haben sie nicht verstanden, und da wir sie nicht verstanden haben, haben wir sie verleugnet! Sagst Du uns nicht Tag für Tag und Stunde für Stunde: *»Alles Irdische stirbt an seinem ihm gesetzten Tag, Gras und Tier und Mensch und Völker und Städte und selbst die Sterne. Und der Tag des Todes ist der Tag des Gerichtes.*
Was hadert ihr und wisset nicht, daß der Tag eures Sterbens gekommen ist im Gang der Gestirne? Es ist der Tag des Todes für Gerechte und Ungerechte.
So hol ich sie heim, Menschen und Stadt!«
Siehe, Du hast Deinen Engeln befohlen, uns hinauszuführen. Und von der Höhe des Berges blicken wir nieder auf die Leichenfelder der erschlagenen Stadt und wir sitzen — vor Grauen unseres Verstandes nicht gewiß — vor einer Bahre, auf der unsere ermordete Mutter liegt.
Deine Sonne dringt durch das Gewölk, und im Busch singt ein erster Vogel, als wolle es Tag und Frühjahr werden nach dieser winterlichen Nacht!
Unsere Augen sind getrübt von Tränen, und das Licht, das sie von der Seele her haben, ist fast erloschen. So sehen wir die Züge der geliebten Gestalt nur verschwommen, und es will uns scheinen, als läge sie nur schlafend und in

Frieden. Noch erkennen wir, wo ihr Haupt war und wo ihre Brust atmete, noch sehen wir ihre Hände, und den Schoß und die Knie und die Füße, so daß wir meinen, es sei nichts geschehen. Doch wenn wir uns vorbeugen über die Bahre, sehen wir, daß der Schädel gespalten ist und daß aus dem halb geöffneten Mund das Blut noch sickert, und daß die Hände zerfetzt sind und der Schoß zerrissen, so daß die Eingeweide hervorquellen.
Und wie wir uns niederbeugen, diese Knie zu umfangen und diese Füße zu küssen, sehen wir schon das Geschmeiß der Fliegen und Würmer, die alles an sich nehmen, was ihnen verfallen ist. Und uns schüttelt das Grauen!
Laß mich auf diesem Berge sitzen über der erschlagenen Stadt und die Augen schließen — Du hast uns die wunderbare Kraft gegeben uns mit Tränen betrügen zu können! Laß uns den wonnesamen Betrug, daß Traumbilder uns umgaukeln und uns vortäuschen, es sei noch wie es einst war!

*

So in Träumen habe ich Deine liebliche Stadt gesehen, lange ehe ich sie mit Leibesaugen sah!
Damals war ich noch ein Knabe, der in einem fernen armen Bauerndorfe der Rhön vor dem Einschlafen auf die Märchen der Mutter horchte, die um Deine Stadt gingen. Ihr Name war voll des Duftes fremdartiger Gewürze: Würzburg! Wer zu ihr käme, fände ein Zollhäuschen an der Grenze der Stadt und die Straße dort mit einer eisernen Kette gesperrt. Nur wer dort die Kette mit den Zähnen zerbeiße, dürfe hinein und werde der Wunder der Stadt gewahr! Wie hoffte ich, diese Wunder einst zu sehen, und wie bangte mir, ob ich die Kette werde durchbeißen können! Dies waren die Wunder:
eine Kirche die aufgewachsen war wie eine Königskerze und auf deren Turmspitze das goldene Bild der jungfräulichen Gottesmutter schwebte, segnend die Stadt, die ihr gehöre.
Und eine Gruft mit dem Grab und den Gebeinen Deiner frühesten Sendboten: Kilian, Kolonat und Totnan, der Apostel der Franken. Du hattest sie geschickt, uns das Heil zu verkünden, und Herzog Gosbert war willens, sie zu hören. Doch Gailana, seine Buhle, kaufte Mörder und ließ Deine Boten erschlagen und ihre Leiber in einen Brunnen werfen. Heute noch flösse der Brunnen und alle, die mit seinen Wassern ihre Augen netzten, würden das Ewige schauen, und ihr Blick werde nie erkranken.

Es wäre auch noch eine Burg in jener Stadt; dorthin wallfahrteten die Menschen am Karfreitag und ließen sich vom Bischof in hohenpriesterlichen Gewändern einen Dorn aus der Dornenkrone Deines Sohnes in einer Monstranz zum Kusse reichen.
Wie begehrte der Knabe, die Kette zu durchbeißen um zu solchen Wundern zu gelangen!
Auch zu jenem Spital des Fürstbischofs Julius Echter, zu dem alle Kranken und Bresthaften gebracht würden, diesem Haus der umgehenden und erbarmenden Liebe, und zu jenem Haus der Wissenschaft, über dessen Portal auf eherner Tafel das Wort VERITATI stünde, das heißt DER WAHRHEIT, und über dessen Dach die Gestalt des Titanen schwebe, des Prometheus, der den Menschen das Feuer vom Himmel stahl —
so daß die Menschen zwei Häuser hatten, das des liebenden Erbarmens und das des Suchens nach Wahrheit und Weisheit.
So habe ich sie in Träumen gesehen, ehe ich sie leibhaftig sah. Und dann sah ich sie:
in der glücklichen Sonne, wie sie nur südlichen Zonen geschenkt ist, sie, die nordische Schwester von Florenz, der Stadt der Kirchen und Künste.
Wie eine Braut hingelagert auf einer Wiese sah ich sie zwischen den Rebenhügeln. Wie eine Hand einen Schmuck emporhält, den die Liegende mit Entzücken betrachten will, sah ich die Feste Marienberg erhoben und auch dort auf einem der Türme das goldstrahlende Bild der himmlischen mütterlichen Frau.
Und wie einen Armreif trug sie am Hügelarm die Schnur der Stationenkapellchen, die zum Käppele führen.
Im Tal aber lag ihr Leib mit einem Gewand umhüllt, in das Bilder gewirkt waren: seht das Liniengewirr der Straßen mit den alten kostbaren Bürgerhäusern, den Fachwerkgiebeln und den Höfen, die sich um einen Markt stellten, oder mehr noch um Kirchen kuschelten oder sie ehrfurchtsvoll umstanden, geschmückt am ewigen Tag der Feste, der mitten durch die Werktage geht.
Ach, jene Kirchen! Von der dunklen Krypta des Neumünsters, in der noch der Brunnen fließt, in den einst Mörder die heiligen Leichname der Apostel geworfen haben, und dem uralten St. Burkard bis zur träumerischen steingewordenen Königskerze der Marienkapelle, auf deren oberster Kreuzblume das goldene Bild der Patronin der Stadt schwebt — bis zu dem italienischen Traum im nordischen Land: Stift Haug, bis zum jubelnden Barock der Hofkirche und zum Dom und wieder zum Neumünster. In ihnen umarmen sich

die Geister der Jahrhunderte, da jede das Gewand ihres Jahrhunderts trägt und sie sich zu einem Tanz der jubelnden Freude vereinen!
Und die Schlösser! Von der Festung Marienberg mit ihren abgrundtiefen in den Berg getriebenen geheimen Stollen bis zu den geheimnislos den Jubel hinbreitenden Gemächerfluchten der Residenz der Fürstbischöfe, die zuweilen über den Freuden der Welt die Heimkehr in die Reiche ihres Gottes fast vergessen hätten.
Laß mich noch einmal eintreten in die große königliche Halle, von der die Marmorstiegen emporführen und die Blicke hinaufgerissen werden in den Bilderhimmel Tiepolos, an dem gleich wie auf Wolken die Völker und Rassen aller Zonen treiben. Laß mich eintreten in den Kaisersaal, der wie aus Porzellan geschaffen — laß mich hingehen durch die Flucht exotischer Schönheit, durch die Gemächer ausschweifenden fürstlichen Prunkes mit den Gobelins, die von den Taten Alexanders erzählen, und führe mich noch einmal in das Märchengemach von Venedig — noch einmal in das Kabinett der chinesischen Spiegel!
Ach, bist Du nie zugegen gewesen an jenen lauen Juniabenden, wenn die Kronleuchter aufflammten von ungezählten Kerzen, die ihr Licht in die Spiegel warfen zu einem barocken Spiel der Lust? Dann schritten die Menschen in festlichen Gewändern dies Stiegenhaus empor, im Kaisersaal setzten sie sich nieder, alle Fenster waren geöffnet, und aus den Gärten kam das Rauschen der Springbrunnen. Der Mond stand über den Bäumen, und die Putten reckten sich in den Lauben —
droben vom Kaisersaal kam Mozarts Nachtmusik hernieder und verzauberte Menschen und Schloß und Garten. Aus dem Buschwerk huschte der Reigen der Elfen, die keine irdische Schwere kannten und über den Rasen schwebten in quirlendem Tanz.
Ach, laß mich hinwegschleichen in die Einsamkeit, bis ich zum Lusamgärtlein Walthers von der Vogelweide komme und zum Grabe deines Dichters, der auf ferner Insel der Südsee vor Sehnsucht nach dir starb, du undankbare Stadt. — Undankbar nannte ich dich? — Hast du nicht seine Gebeine über das Weltmeer geholt, sie bei dir zu haben? — Ja, du ehrtest immer schon die Gebeine — von jenen St. Kilians bis zu jenen Max Dauthendeys — und da sie lebend unter euch waren, ließet ihr sie ermorden und verkommen!
O Gerechter, wie erschrecke ich vor meinen anklagenden Worten; denn wie kann ich etwas sagen, was Dir recht gäbe, da ich, uns zu verteidigen, Dich doch ins Unrecht setzen will! Soll ich Dich hinführen, weil Du sie nie sahst,

vor die weißen Leiber der ersten Menschen, wie sie aus den Händen Deines Knechtes Dill Riemenschneider wuchsen, dem Du von Deiner Schöpferkraft gabst: Adam und Eva! Sahst Du in die Gesichter aus Stein, in denen die Antlitze Deiner Apostel sich spiegelten — sahst Du den Leichnam Deines Sohnes im Schoß der Mutter — sahst Du, wie die Hand der Mutter voll unsagbarer Zartheit die gemarterte Hand Deines toten Sohnes hielt? Wie unsagbar haben die Hände dieses Bildschnitzers von dem Leid Deines gemarterten Sohnes erzählt — da er vorausahnte, was ihm selbst geschehen sollte!

Reißt einmal die Kette ab derer, die Böses taten den Guten; von den Mördern Kilians bis zu denen, die Ihr als Eure Gewalthaber geduldet habt bis zum Tage des Gerichtes?

Herr, davon will ich nicht reden — ich will Dir zeigen, was Du verbrannt hast!
Schätze sie nicht gering, die alten reichen Fachwerkhäuser und Höfe aus mittelalterlicher Zeit bis zur sonnig-lieblichen Rokokozier des Hauses »Zum Falken«. Schätze sie nicht gering, die kleinen Weinschenken von der »Kette« zum »Stachel« und dem »Maulaffenbäck«, wo die Bürger ihren Abendschoppen tranken, die Handwerker sitzend neben dem Gelehrten, der Student neben dem Kaufherrn.
Schätze sie nicht gering, die buntbemützten Scharen der Studenten, wenn sie singend durch die Stadt zogen und ihre Feste feierten und tanzten in allen Sälen der Stadt oder wenn sie an sommerlichen Tagen ihre Lustpartien machten auf dem Main, dem schimmernden Strom! — Sahst Du den Alten, der am Abend seines Lebens in seinem Gärtlein die Rosen zog? Sahst Du das glückliche alte Paar, das wie Philemon und Baucis lebte?
War es nicht eine Stadt des Glücks?
Und Du nahmst dies alles in einer einzigen Stunde und warfst es ins Feuer wie schimmelig gewordenes Stroh! Die Glut fraß in Augenblicken die Schatzkammer der zweitausend Jahre! Nichts! Dreck! — Damit die Erde rein werde! Ist das so?

Ich kann nicht aufhören, mit Dir zu hadern!

Willst Du mir sagen: »Schon vor mehr als 400 Jahren, anno 1476, habe ich einen erweckt und ihn mit zehn Artikeln zu Euch gesandt, die soziale Gerechtigkeit nach meinem Evangelium aufzurichten in der Welt! Und was habt ihr getan? Ihr habt den Abgesandten der Gerechtigkeit, weil sein Wort tölpisch war, gleichwohl aber nach mir verlangt hat, auf dem Schottenanger zu Würzburg verbrannt. Und die Gläubigen, die mit Kerzen um die Mauern der Burg Eurer Hartherzigkeit wallfahrteten, habt ihr mit Feldschlangen auseinandergejagt!«

Sie kamen wieder, anno 1525, weißt Du es noch? Diesmal statt mit Kerzen mit den Waffen des Mordes.

»Und wieder wurden sie niedergeknüppelt!«

Nach 400 Jahren habt ihr den Schrei der gequälten Kreaturen nach Gerechtigkeit noch immer nicht gehört und ihr wundert Euch, daß ihr in die Hände von Empörern fielt?

Habt ihr nicht den Abendschoppen getrunken in behaglichen Kneipen und so wie den gärenden Most auch Mozarts himmlische Musik als Feinschmecker des Lebens genossen — darüber aber das Wort

VERITATI — *der Wahrheit*

vergessen, das über dem edelsten Hause eures Lebens geschrieben stand, von euch selbst dahinaufgeschrieben — vergessen auch den Titanen, der das Feuer vom Himmel holte,

— vergessen über der Behaglichkeit und der Wonne des Alltags! Daß diese Erde Abgründe barg mit einem gequälten Volk, das zur Stunde aus der Tiefe kletterte und Brand anlegte an die Welt und an Euer Haus und Eure Stadt, ihr habt es vergessen!

Statt den Sinn des Lebens zu suchen, wart ihr stolz auf die Kunst, jedes lebende Geschöpf durchleuchten zu können, bis ihr das Skelett seines Leibes saht — bis ihr das Skelett des Todes saht und das Fleisch fiel von den Leibern der Menschen und ihrer Häuser und Kirchen und Städte —

Warf ich ins Feuer, was das Antlitz ewiger Gestalt trug, oder nahm ich das ewige Antlitz nur heim in mein Reich, dem ihr es entrissen hattet und dessen ihr unwert geworden wart, derweilen der sterbliche Leib Eurer Stadt, vom Wurm der Sünde der Jahrhunderte zerfressen, zusammensank in den Trümmerhaufen der Verwesung, die aus euch kam!«

Sagst Du so zu uns, Du stummer Gott?

Du hast Abraham versprochen, Gomorra zu schonen, fändest Du dort nur zehn Gerechte.

Dein Erzengel, der Seelenwäger des Gerichtes, steht gewaltig zwischen den Häusern der Stadt, und wie sehr ich auch, mit Dir hadernd, die ewigen Schätze herbeischleppe, sie in die eine Waagschale zu werfen, stürzt doch der Unrat der offenen und geheimen Schuld in die zweite der Schalen und zwingt sie nieder. Und über unser Entsetzen rollt der Donner Deines Spruches, der uns in die Verdammnis wirft!

*

Herr, immer noch höre ich nicht auf, mit Dir zu hadern. Bist Du es, der mich zwingt, in Deinem Buche zu suchen, bis ich auf Korah stoße und seine Rotte, die sich gegen Moses erhob? Du warst es, der sie schied vom Volk der Auserwählten und der die Erde spaltete unter den Füßen ihrer Leiber und den Pfählen ihrer Gezelte, daß der Abgrund sie verschlang!

Sahen wir nicht, wie die Rotte Korah erneut aus dem Abgrund kam und durch die Gassen unserer Stadt zog mit siegreichen Fahnen? Sie gingen hervor aus dem Leibe des Volkes wie Geschwüre aus ungesundem Blut und kamen hervorgekrochen wie Maden und Würmer —

sie, die neue Rotte Korah, die ihre Herrschaft aufrichtete mit Gebrüll und Gewalt und die so starb, wie in Deinem Buche geschrieben steht:

»Es zerriß die Erde unter ihnen

und tat ihren Mund auf und verschlang sie mit ihren Häusern, mit allen Menschen, die bei Korah waren, und mit aller ihrer Habe.

Und sie fuhren hinunter lebendig in die Hölle mit allem, das sie hatten, und die Erde deckte sie zu, und sie kamen um aus der Gemeinde.

Und ganz Israel, das um sie her war, floh vor ihrem Geschrei; denn sie sprachen: daß uns die Erde nicht auch verschlinge!«

Und hatte nicht Moses zu den Seinen gesagt: »Weichet von den Hütten dieser gottlosen Menschen, daß ihr nicht vielleicht umkommet in irgend ihrer Sünden einer!«

Sieh, dies halte ich hadernd zu Dir empor. Denn wie sollten wir der Rotte Korah anders Herr werden, als daß wir von ihnen weggingen und von ihren Hütten wichen.

Wie aus den Herbstwiesen, wenn das Jahr stirbt, sich die Nebelschwaden heben, kam das Jahr und der Tag, da aus den Seelengründen die Angst aufstieg und das Grauen vor kommendem Unheil. Unsichtbare Tiefen hatten

sich geöffnet, und Giftwolken stiegen auf, und fressende Gase drangen in unseren Atem, in unsere Lungen, daß sie schwer gingen und zu zerreißen begannen.
Der Edle war verachtet. So er durch die Straßen ging und wo er in eine Schenke trat, wichen die Freunde hinweg und verleugneten ihn. Denn die Tage, welche den einen wie Tage des Herbstes und des sterbenden Lebens schienen, waren den anderen die Tage eines üppigen Frühlings, da das Blühen aus allen Zweigen und Dornen brach. Aber das Geschmeiß der Raupen und Würmer kroch in die blühenden Bäume und beschmutzte die Keuschheit der Blüten und zerfraß das Grün der Blätter. Es kroch wie in die Bäume der Gärten so durch die Gassen der Stadt, in die Ratsstuben des Stadthauses, durch den weißen Kaisersaal der Residenz und kroch selbst über Mozarts Nachtmusik, kroch selbst durch deine reinen Feste, du Genius der Töne, und durch die Mondscheinnächte deiner Gärten.
Willst Du uns anklagen, daß wir das eklige Geschmeiß nicht zertraten? Mahnst Du mich an die Stunde zu denken, da die Rotte Korah mit pöbelhaftem Geschrei das Palais Deines Bischofs umtanzte und gegen das Portal mit der Schulter anrannte und nach Beilen schrie? Du hast mich vorbeigeführt in jener Stunde, daß ich es sah! Hast Du mich hergeführt, daß ich es sähe und unter sie spränge und die Arme emporwürfe und schrie: »Zurück, Lumpenpack!« — Hast Du das gewollt, oder war der Mann Dein Bote, der in jener Stunde neben mich trat und die Hand auf meine Schulter legte und sagte: »Wenn der Pöbel wahnsinnig wird, bleibt nur eines: Vernunft zu bewahren und den Wahnsinnigen aus dem Wege zu gehen!« War jener nicht D e i n Bote, der so sprach und mit mir hinwegging mit brennenden Wangen und zusammengebissenem Mund und dem Brand der Scham in der Seele! Wie doch hatte Moses gesagt: »Seht hinweg und weichet von den Hütten dieser gottlosen Menschen und rühret nichts an, was ihrer ist, damit ihr nicht umkommet in irgend ihrer Sünden einer!«
Hast Du mich in die Hände der Rotte Korah gegeben, damit ich in ihrem Gefängnis zu hadern begänne mit dem Volke der Stadt und ich liegend in der Nacht der Schmach neben dem Kübel des Unrates vor Dir Klage erhöbe: Warum rotten sie sich nicht ihrerseits zusammen und zerren an dem Sturmgeläute ihrer Kirchenglocken und holen ihre heiligen und geweihten Fahnen und führen das gläubige Volk zum Kampf gegen die Meute der Hölle und sprengen die Tore unserer Gefängnisse? Ach, es rührte sich keine Hand, bis auf die der wenigen Menschen, deren Liebe Du uns geschenkt hast, als die

eines Weibes, einer Tochter, eines Sohnes oder die eines Freundes — die anderen zucken die Achseln und weichen selbst Deinem Weibe aus:
»Ihren Mann hat gestern die Rotte Korah geholt — nimm dich in acht vor ihnen, damit nicht auch du der Rotte Korah verdächtig wirst!«
Flugsand war selbst Dein Volk, zerstäubt und preisgegeben der Willkür aller Winde der Hölle.
Und keiner der Deinen hatte mehr Gewalt, seit Du selbst hinweggegangen warst. Denn Du warst hinweggegangen und wußtest die Stunde des Gerichtes und sandtest nur Deine geheimen Boten wie den Engel zu Lot, der da sprach:
»Hast du hier noch irgend einen Eidam und Söhne und Töchter und wer dir angehört, den führe aus dieser Stadt, denn wir werden sie verderben!«
Und als Lot gegangen war, ließest Du Schwefel und Feuer regnen vom Himmel herab auf Sodom und Gomorra und kehrtest die Städte um und die ganze Gegend und alle Einwohner der Städte und alles, was auf dem Lande gewachsen war.
So auch ist es uns geschehen!

*

Erinnerst Du Dich noch der Nacht, in der zum ersten Male die Sirenen aufheulten, jaunernd in schrille Höhe und niedersinkend in Abgründe und wieder aufjaunernd ohne Unterlaß? Wie die Kinder sich entsetzten und die Männer und die Frauen mit erstarrten Gesichtern wie gelähmt standen für Augenblicke und der Schreckensschrei zum ersten Male gehört wurde:
»Flieger!« —
Bis die Lähmung wich, und die Kinder aufkrischen vor einem jenseitigen Entsetzen, und die Mütter die Kleinen an sich rafften und in die Keller stürzten, und die Alten zitternd nachhumpelten.
Dann saßen sie in der Tiefe, in den Eingeweiden der Stadt und warteten!
Das Weltgericht hatte begonnen!
Aber von draußen kam das siegreiche Geheul der Rotte Korah, die ausgezogen war und entsetzte Völker vor sich hertrieb. Bis in winterlicher Eiseskälte das Triumphgeheul in Eis erstarrte, und die bisher siegreich voranmarschiert waren, plötzlich wie von einem Prall, den ihre Brust empfangen, zurücktau-

melten und herumwirbelten, nicht wissend, was geschähe, und das Entsetzen und das Ahnen des Gerichtes auch sie ergriff — ihre Stimme gellend durch den Äther raste:
»Alarm!«
Du standest mitten in der Welt und hattest die Schaufel ergriffen, die Völker der Erde gegen den Wind zu werfen.
Und dann senktest Du die Schaufel gegen die Grundfesten auch unserer Stadt!

Du hattest sie angekündigt, die Stunde des Gerichtes.
Jetzt, da das Siegesgeheul der Rotte Korah verstummt war, schicktest Du die Geschwader des Gerichtes über unsere Stadt, in sommerlichen Tagen. Sie zogen dahin majestätisch wie geordnete Schwärme silberner Reiher, und die Menschen eilten auf die Straßen und auf die Dächer, dieses Schauspiel zu sehen.
Sie zogen vorüber wie fremdartige Paradiesvögel und still und verwundert blickten die Menschen ihnen nach —
Ach, sie waren so trunken von dieser Schönheit, daß sie vergaßen, was dort oben flog, fast hätte ein jubelnder Ruf, ein winkender Frauenschleier nach oben gegrüßt —
bis ein Schrei sie mahnte: »Flieger!« und sie in ihre Keller flüchteten, nachdem schon alles längst vorüber —

Aber bald kamen sie anders — nicht wie zur Parade — bald war das Leben ein Pferd, das von Hornissenschwärmen gehetzt wurde. So fegten die rasenden Maschinen der Hölle über die Dächer, und Maschinengewehre schossen aus den Lüften in die in wahnsinniger Angst flüchtenden Schutz- und Wehrlosen.
Ich hatte mich hingesetzt an den Tisch zu schreiben —
die Sirene gellte auf und trieb mich hinweg.
Ich kam zurück, und die Frau ging in die Küche, die Mahlzeit zu bereiten —
da gellte die Sirene auf und trieb uns hinweg.
Ich kam zurück und legte mich zum Schlafen —
Da gellte die Sirene und riß mich Taumelnden hoch.
O gepeinigtes Volk! Glich es nicht jenen Gefangenen, denen teuflische Grausamkeit einen Käfig mit Mäusen wie einen Gürtel der Qual um den Leib

gelegt hatte, daß immer die Unrast sie anknabbere und nie die Gnade der Sicherheit und die Ruhe des Schlafes sie tröste und stärke —
denn nun geschah es, nach dem Heulen der Sirenen, die dich wieder emporgerufen hatten, als sei der Feind hinweggeflogen, daß ein Pfeifen in den Lüften gehört wurde, das gellend anwuchs und die Erschreckten mit dem Gebrüll des Donners überschüttete. Was war geschehen?

Denkst Du der Abende, da das Volk hinüberwanderte über die Brücke des Mains, die ersten zertrümmerten Häuser zu sehen und die ersten Leichen, die dort geborgen wurden? Es sei ein Irrtum, glaubten sie, ein Irrtum sei geschehen —
Tage vergingen, Nächte, bis sie wiederkamen —
Diesmal war es in der Stunde der schleichenden Nacht. Mitten ins Portal des Juliusspitals und in die von Menschen gefüllte elektrische Bahn fuhr die Bombe und zerfetzte Haus und Menschen und zerspritzte Steine und Köpfe und warf Tote in die Fenster der Nachbarn, daß sie dort hingen, als hätten sie Ausschau gehalten und wären dann müde über das Gesims gesunken zu schlafen. Sieh, eine Luftmine sauste nieder, und während einer Deiner Knechte, der dem Bösen getrotzt und der von der Rotte Korah hinweggeholt worden war, zu Buchenwald die Qual der Jahre der Gefangenschaft litt, ließest Du zu, daß das Geschoß der Hölle in den Keller fuhr dieses Tapferen und ihm das Weib erschlug — das Weib — die Tochter, den Sohn — und vier der Enkel — das ganze Geschlecht —
Warum tatest Du das?
Das Grauen fuhr nun dem Volke in Mark und Bein, denn von da an riß es nicht mehr ab. Bald diesen, bald den anderen Abend spaltete ein Geschoß einen Häuserblock und schaufelte Gassen und Menschen —
— Das Hadern begann: es ist nicht wahr, es ist ein Irrtum — es wird unserer Stadt nichts geschehen. — Seht, die Stadt der Kirchen und der Lazarette und der Werke der Künste! — Wo sind Soldatenheere hier, wo Munitionsfabriken? — Nichts als Lazarette und Kirchen und Werke der Künste — riefen sie.
Die Flucht begann! — Wie in einem Ameisenhaufen die winzigen Tierchen, so eine Willkür den Haufen zerstreut, sinnlos durcheinanderrennen und schleppen, was sie zu tragen vermögen, da ein Hölzchen, dort ein Ei — so hier die Menschen!
»Ihr seid ja verrückt!« schrien die anderen, »warum soll unserer Stadt etwas geschehen? Nur ein Wahnsinniger kann glauben, sie habe militärische Bedeu-

tung. — Zudem haben die Feinde sie ausdrücklich als Lazarettstadt erklärt im Tausch der Menschlichkeit von Volk zu Volk —«
ssssss! pfiff es aus den Wolken und pflügte einen Häuserblock um —
und aus dem Radio kam die geheimnisvolle Stille in die Ohren der heimlichen Hörer: »Achtung! Achtung! Hier Radio London! — Wir spielen Mozarts 16. Symphonie!«
Sahst Du mich in jener Nacht, da ich das erlauschte und mein entsetztes Antlitz zu Dir emporrichtete und Dich frug: »— Meinen sie Würzburg? Unmöglich! — Denn meinten sie es, wie könnten sie sich dieser blasphemischen Sprache bedienen?«

*

Denkst Du des 16. März des Jahres 1945, den Du festgesetzt hattest, Deine Stadt Würzburg umzuschaufeln, Häuser und Menschen?
Viele hatten die Stadt auf ihrer Flucht verlassen, schon für immer, oder sie flohen in den Abendstunden auf die Dörfer, in Gartenhäuschen vor der Stadt, dort die Nacht zu verbringen und am Morgen zurückzukehren.
Schon hattest Du Breschen gelegt des Schicksals, und Häuser standen mit aufgerissenen Flanken, daß der Blick in ihre Eingeweide fiel —
da geschah das Letzte.
Es war abends gegen 8 Uhr, als die Sirenen aufheulten und die Menschen der Stadt in die Keller jagten. Sie heulten wilder, abgründiger als sonst, und die Rufe aus den Lautsprechern gellten hin in die Straßen durch die Flüchtenden: »Schwere Bombengeschwader in Richtung auf unsere Stadt —«
Sahst Du den Mann, der droben am Nikolausberg, im Westen der Stadt, aus dem Gartenhäuschen sprang und hinauf nach der Nordostecke starrte, wo der Himmel in einem blendenden Magnesiumlicht zu leuchten begann, so daß die Stadt, die unter ihm im Talkessel lag, wie auf einem riesigen Teller aus der Finsternis in dies Gleißen gehoben schien und ein Grauen wie aus heimlich geöffneten, unsichtbaren Toren der Welt aus dem Jenseits sich hereinschob in diese Welt, in der Flugzeuge nun ungestört wie ruhige Vögel in einem unheimlichen Beginnen hinzogen, Leuchtkugeln ausspieen und fast lautlos jene gespensterhaften Lichttrauben setzten, die das Volk in einer seltsamen

Blasphemie »Christbäume« zu nennen pflegte. — So überzog's die Stadt und jetzt dort hinten — von Nordosten her kam's in geordneten Reihen schwebend wie zur Parade.
Denn hier ist kein Kampf!
So kommt es heran, das Bild einer zur Maschine gewordenen Welt, die jetzt, da die Grenze der Leuchtsignale erreicht ist, einfliegt in den inneren Bereich der Stadt. Über den Türmen der Kirchen und Kathedralen löst sie die Hebel ihres Auftrags — die Luken öffnen sich, und der Mann auf dem Nikolausberg schlägt den Arm vor die Augen, um nichts zu sehen und stürzt zu Berg in den Wald. Hinter ihm donnert die entfesselte Hölle, bricht das Tal auseinander; es hat begonnen Feuer und Schwefel zu regnen und aus der Tiefe spritzt krachend die Stadt in den Himmel.
Hinter dem Fliehenden, der vor Entsetzen schreit, vollzieht sich das Gericht. Drunten aber in der Stadt erwischt es die letzten Flüchtenden in den Straßen. Stählerne Stäbe prasseln wie höllischer Hagel nieder, und wo sie aufschlagen, schießt das magnesiumsilberne Licht auf und bricht die Glut des Feuers hin über die Erschlagenen. Und Blut und Häuser und Mauern und Menschenglieder reißt es in zerstäubendem Wirbel unter ungeheurem Krachen der berstenden Bomben in die Lüfte.
Unentwegt ziehen am Himmel die Geschwader und kippen die Lasten des Todes, daß sie niederpoltern, fließt Feuer vom Himmel und bricht Feuer aus der Erde empor — —
Drunten aber: die auf den Stiegen noch rannten, ach, auf der letzten Kehre des Hofes nieder in den Keller — hast Du die gellenden Schreie gehört aus den Tausenden von Kehlen?
— sahst Du jene, die sich schon in Sicherheit glaubten und sich auf den Boden des Kerkers warfen, sich dort anklammernd mit einem Dank an Dich für ihr gerettetes Leben auf den Lippen? Da erlischt das Licht; eben noch sehen die starren Augen, wie die Decke schwankt, und der gellende Schrei erstirbt im zusammensackenden Haus —
Sahst Du auch jenen, der unter die heulenden wie wahnsinnig aufkreischenden Frauen und Kinder springt und schreit: »Habt keine Sorge — der Keller ist gut — zwei Meter dick die Gewölbe! —« Ein Weib fängt laut an, Dich anzurufen und zu beten, mit schreiender Stimme das Gellen des Wahnsinns mit dem Trost Deiner Gegenwart zu übertönen — daß sie ruhig würden, die Weiber und Kinder. Sie liegen dort auf der Erde und bibbern und zittern, als schüttle sie der Wind; denn das Krachen und Donnern über ihnen ist ohne

Ende. Und jetzt schießt es von oben herab, fegt über ihnen hin, als triebe einer mit ihnen ein besonders teuflisches Spiel, sie zu entsetzen — »wumm!« — und es war wie das Erlöschen eines Lichts.
Keiner hörte den Donner, der dem Blitz folgte, der sie erschlug —
Sahst Du die daneben —
»Das Haus brennt! raus!« Und sie stürmen empor — da schauen sie durch den Flur — von oben die hölzerne Stiege kommt der Strom des brennenden Phosphors — die Türe hat es aufgerissen — die entsetzten Blicke starren durch den Flur auf die Gassen — rundum Feuer — wie Mäuse in einer brennenden Falle die Menschen — »Raus! wir verbrennen sonst!« Tücher ins Wasser, um die Leiber geworfen den Frauen und Kindern — und jetzt den Sprung durch den Feuerwall!
»ah« — zu früh! — und im nächsten Augenblick zu spät!
Wer soll dem Tod entrinnen!

*

Herr, längst hast Du aufgehört, die Gerechten und die Ungerechten zu scheiden. Mein Blick fällt auf Deinen gekreuzigten Sohn: so auch hast Du ihn heimgeholt, den Du vor allen liebtest, und hast kein Grauen der Todesangst und keine Qual der Schmerzen ihm erspart —
Siehst Du das einsam gewordene Haus inmitten der Stadt, einst eine Zierde der Straße, in der es stand und von dem berühmtesten Meister gebaut. Siehst Du das blumenhafte zierliche Bild der Madonna noch über dem Portal?
Die Bewohner sind geflohen bis auf einen, und ihre Habe ließen sie im Stich. Laß mich noch einmal durch das Portal treten und die kostbare Treppe emporsteigen. Ach, was schreckst Du mich in den Keller mit dem Geheul der Sirenen an diesem Abend der Not!
Es ist nur ein Getreuer geblieben, der wachen wollte über unser aller Habe. »Keine Sorge, — der Keller gehört zu den besten der Stadt, sehen sie nur: zwei Meter dick die steinernen Gewölbe!« hatte immer der Polizist gesagt, sooft er die Häuser zu kontrollieren kam. »Eine Mausefalle, Wachtmeister!« pflegte ich zu sagen, »dreißig Stufen unter die Erde geht es hinab — stürzt das Haus über uns zusammen — verschüttet die Ausgänge, — keine Macht der Erde holt uns aus dieser Tiefe!«

Welchen Menschen würfe die Hölle, die droben rast, nicht hin auf die ebene Erde! Rings schlagen die Bomben bis tief in den Grund und die Menschen liegen in den tiefsten Kellern mit keuchendem Atem und mit dem Hämmern des Irrsinns in den Schläfen —
der Gefährte dort, der Getreue, hat die Mauer umarmt, um aufrecht zu stehen und schreit in das Getöse der Hölle das »Miserere Domine, Miserere!«
Da erlischt das Licht! Und es ist für Augenblicke, als sei die Dunkelheit des Kellers wie von der schützenden Hülle Deiner Gnade umfangen und selbst das Tosen der Hölle rundum ist nicht zu vernehmen.
In Deiner Hand liegt der Mensch wie ein zitternder kleiner Vogel, und Du hörst durch den Stein der Wand, an die dieser Menschenleib gepreßt ist, das in Ängsten des Todes pochende Herz!
»Nimm Abschied«, sagst Du zu mir, »nimm Abschied! Ich will dir noch einmal alles zeigen, was ich dir gegeben hatte, und eines darfst du mit aus diesem Hause nehmen — geh durch die Zimmer und sieh und wähle!«
In diesem Augenblick weicht die Stille, und das Tosen des Weltuntergangs bricht wieder in die Tiefe des Kellers. Ein dumpfer Aufschlag, und jäh wird die Finsternis zerrissen durch ein blendendes Licht — eine Bombe hat das Tor aufgerissen, das die Kellertreppe schützte, und auf der obersten der Stufen liegt eine aufflammende Stabbrandbombe — sie leuchtet!
»Raus! Sonst sind wir verloren!«
Um mich höre ich die Schreie der Flucht; der Geist aber wandert — keine Bombe kann ihn zerreißen. Er wandelt die Treppe empor ruhigen Schrittes wie von Deinem Engel geleitet, der mich noch einmal alles sehen lassen will. Das große Treppenhaus ist taghell erleuchtet — die Türen und Fenster sind zerrissen und rundum stehen die Häuser in Flammen. Langsam nehme ich Kehre um Kehre bis zum zweiten Stock empor — hier war es! Die Korridortür ist herausgerissen und zur Seite geschleudert, als habe jemand sie weggeräumt, meinem Schritt freie Bahn zu geben.

Ich stehe im weiten Korridor. Dort führt eine Türe nach rückwärts zur Küche, zum Bad. Dort ist das Zimmer des Sohnes — ich trete rasch ein. Er steht als Soldat im Feld — hat nicht er vor allem Anspruch, daß ich vom Seinen etwas rette? Daneben das Zimmer der Tochter — an den Wänden ihre Bücher, sie hat sie in ihrem jungen Leben zusammengetragen als ihre Freunde, an den Wänden ihre Bilder — dort die Geige! Da ist plötzlich, da ich zögere: der Gefährte. — Er schreitet mir voran, der Schutzgeist und Bote, als wolle er mir anderes zeigen. Hier ist mein Arbeitszimmer, siehst Du dort daneben die Bibliothek, die lange Wand der Bücher. Hat es Dir nicht oft Spaß gemacht, wenn ich den Freunden zeigte, wie über der viele Meter langen rotleuchtenden Schrankwand kostbare Bildwerke standen: ein Elefant — er verriet, daß hier die Bücher der Politik standen, denn hier wird das Leben wie Porzellan zertrampelt — ein Pferd in griechisch edler Schönheit — dort standen die Bücher der Dichtung — und dann die Bücher der Gottsucher, über ihnen stand das Bild der schmerzhaften Mutter Deines Sohnes.

Welches der Bücher willst du?

Die Bildwerke — ich habe sie zusammengetragen durch viele Jahre und habe sie geholt aus fremden Ländern! Siehe, diese Madonna habe ich jeden Morgen begrüßt. Hier stand immer die Schale mit den Blumen, die meine Frau rüstete, und wenn ich allein war, streichelte ich ihre Lieblichkeit mit den Fingern — ihr zartes Antlitz und die unsagbar feinen Finger ihrer Hände —

Oder dort den Teppich der gotischen Zeit —

dort den prunkvollen Schrank aus einem alten Schloß der Renaissance, wie es auf uns überkommen —

dort, sieh, dort an jenem Tisch saß ich — und dort auf jenem Lager lag ich so oft mit geschlossenen Augen, die Bilder zu sehen, die Du mir zeigtest, und welche die Menschen dann Dichtungen nennen —

dort der Schrank der Manuskripte und der unzählbare Werkchen aus Kinderhänden, aus denen ich die Gesetze Deiner Schöpfung las —

Weißt Du nicht, daß ich das einfach wieder brauche?

Der Gefährte geht mir voran in das Zimmer meiner Frau und unser aller. Soll ich den Flügel wählen? Meine Hand streichelt darüber hin: denkst du nicht an die Stunden der jungen bräutlichen Liebe? Hier saß sie als junge Frau und spielte ihre Träumereien. Da sehe ich den Erker; hier saß ich gerne im alten, uralten Stuhl — der Blick fiel in die Biedermeierstube mit den Bildern der Eltern und der Anverwandten — den Bildern der Kinder. Hier saß ich an jenem Morgen, da sie mich aus dem Gefängnis brachten — hierher hatten sie mir das Tischchen geschoben, hier schenkte mir meine Frau den Kaffee ein, und die Tochter schälte ein Ei und schob es mir hin und blickte noch in mein vom Wahnsinn gezeichnetes Auge und lächelte, mich über mich selbst zu täuschen. —

Jetzt sind sie beide so neben mir. —

Was wollt ihr? — Ich will nehmen, was euch das Liebste ist!

Das Bild der Eltern? Wir werden sie sonst nie mehr sehen. —

Plötzlich fällt es mir ein, und ich rufe: wo ist die Wiege, ich selbst bin darin gelegen — die Wiege heißt das Leben. —

Da in diesem Augenblick sehe ich starr nach der Decke. Dort frißt sich das Feuer durch, und brennender Phosphor tropft herab!
»Raus!« Jetzt heißt es keinen Augenblick mehr säumen, jetzt hat das Feuer auch unser Haus gepackt! Ich springe auf und sehe die Bilder, und wie ich nach ihnen greife, beginnen sie zu brennen — ich greife nach den Büchern, sie beginnen zu brennen — ich greife . . .
— wohin ich greife, zerbrennt mir, was ich retten will, in den Händen. Eine Hand packt mich an der Schulter — ich sehe den Getreuen, er hat ein paar Koffer aufgerafft und stürzt die Treppe hinunter. Von oben kommt der Strom des Phosphors gekrochen: es ist höchste Zeit!
Jetzt vor das Portal: der Prall vor der brennenden Straße. Da draußen flutet der Stom der Verzweiflung. Die Straße hinauf und hinab stehen die Reihen der brennenden Häuser — und die Straße übersät mit brennenden Stabbomben; zwischendurch die sich dahinwälzenden Massen der Flüchtenden, aus denen es kreischt und gellt — die wie in den Wirbeln des Stromes getrieben dahin schießen und dorthin und untergehen und emporgeworfen werden — — —
Dort, am Barbarossaplatz quillt es aus allen Straßenzügen. Die Massen stauen sich; — die Juliuspromenade hinab geht es nicht mehr — lichterloh brennen Häuser und Straßen, der Asphalt der Straße. Dorthin gegen Stift Haug wäre der sichere Tod — nur gegen den Bahnhof ist vielleicht Rettung noch möglich; aber auch dort brennen die Häuser zur Rechten, zur Linken.
Schreie von wahnsinnig Gewordenen gellen auf.
Es bleibt keine Wahl — mitten durch das Feuer!
Ich sehe den treuen Gefährten einen Augenblick mit seinen geretteten Koffern, da — hinter uns ein Poltern: ein brennendes Haus stürzt zusammen; ein furchtbares Krachen zur Linken: ein Zeitzünder!
Der Gefährte verliert seinen Koffer, ich sehe ihn alles voller Entsetzen fahren lassen und springen und springe ihm nach. Einschläge vorne, Einschläge hinten, die Flammen schlagen ins Gesicht — ich stürze, raffe mich auf — ich springe, hinter mir ein Krachen dann falle ich weich, wie in Gras.
Ich sehe den Gefährten zwischen den Bäumen liegen, erschöpft; man könnte ihn für einen Toten halten, sähe man nicht das Keuchen seines Atems, der die Brust senkt und hebt wie mit den Stößen einer Maschine.

Wir sind in den Gärten des Ringparks — sehe ich — ich blicke rundum mit irrsinnigen, nur halb erkennenden Augen. Dann fühle ich ein Schwinden der Sinne und lautlos wie ein Tuch, das von einem Körper fällt, sinkt etwas zusammen.
Dann sehe ich mich daliegen und die Seele daneben stehen und den Körper betrachten wie im Traum.
Laß mich so liegen, sage ich zu dem Engel, der neben mir steht. Es ist nicht nötig, daß du mich wie den Propheten des Alten Bundes an den Haaren fassest, mich in die Lüfte zu erheben, daß ich die brennende Stadt sähe. Ach, ich habe die Gabe des Gesichtes vom Herrn erhalten und so liegend und schlummernd sehe ich in die Ferne, und nichts von dem, was der Herr mich sehen lassen will, wird mir entgehen.

*

Es ist eine halbe Stunde vorüber, seit sie das begangen, was sie als »Mozarts 16. Symphonie« angekündigt hatten. Die Stadt brennt an allen Ecken — die Türme der Kirchen gleichen lohenden Fackeln, und die Kuppel von Stift Haug liegt wie eine glühende Kugel auf den Mauern über den Dächern der Stadt, auf den Dächern, die zerfetzt und mit brennendem, bloßgelegtem Gebälk ächzen und sich wie lebende Wesen zu biegen beginnen. Wie ein lohendes Fest des Feuers steht die Feste Marienberg über dem Tal. Die Geschwader, die das Unheil über die Stadt ausgeschüttet haben, sind hinweggeflogen — doch unten ohne Unterlaß krepieren die Zeitbomben und schleudern immer wieder Häuser in die Luft. So ist der Blick von oben hin in die Stadt, als schaue man in einen Vulkan, dessen Lava brodelt.
Immer noch heulen die Sirenen in einem Gejauner des Wahnsinns. Aus den Häusern qualmen die Schwaden des Brandes und züngeln die Flammen und eine brütende Glut breitet sich aus, bis es wirbelt inmitten der Stadt und ein Heulen anhebt, als beginne die Hölle erst jetzt ihren schaurigsten Tanz. Von den Rändern der Stadt her stürzen die kalten Luftschwaden voll teuflischer Lust in die Gassen und raufen sich mit den Gluten der Hölle.
Sie tanzen und johlen — sie tanzen und johlen, rasen durch das brennende Gebälk und fegen es auseinander — sie packen die Glocken in den brennenden Turmhelmen und jagen sie hin und her, bis die glühenden im Schmelz niederrinnen oder mitsamt den Glockenstühlen polternd niederbrechen.

Sie treiben ein Spiel der Hölle mit den Fliehenden, fassen sie wie herbstliche Blätter und fegen sie dahin; sie hopsen durch die gesprengten Fenster und saugen Stühle an sich und wirbeln mit einer Nähmaschine, die sie fingen, über ein paar Gassen.
Dort, o Entsetzen, sehe ich dich, alter Freund — du Gefährte unseres Kerkers. Haben sie dich aus dem Gefängnis entlassen, daß jetzt die Winde dich fassen — dich und deine Frau? Sieh, Herr, schon sind sie dem brennenden Haus entronnen, da faßt sie der Sog und reißt sie zurück und wirft sie wie Holz in die brennende Glut.
O, ich schlage die Hände vor meine Augen, das satanische Geschehen nicht weiter zu schauen —

Du aber befiehlst mir zu sehen!
Wie erhoben über die Stadt blicke ich in die Gassen, nieder zum Dom und seinen Fackeltürmen und die Domstraße hin bis hinüber zur Feste auf dem Berg; — es ist nichts, was nicht brennt! Auf die Straßen nieder stürzen die Dachstühle, und die Funkenwolken wirbeln auf; Mauern stürzen nach in den engen Gassen der Altstadt, decken die Gassen zu und verrammeln jede Rettung denen, die dort eingeschlossen noch in den Kellern hocken. Zwischen den Trümmern sehe ich die Leichen der Erschlagenen.
Jetzt aber brechen die Massen hervor aus den Kellern, zum Wettlauf mit dem Tod, zwischen den züngelnden Flammen, den stürzenden Dächern und Mauern und den Sprengfontänen der Zeitbomben.
Dort in den Kellern des Reurerklosters seh ich sie zu Hunderten zusammengepfercht — sie kauern in Knäueln. In priesterlichen Gewändern sehe ich Gestalten hindurchschreiten, den Verzweifelnden das Sakrament zu zeigen. Unter dem wimmernden zitternden Beten lauert der Verzweiflungsschrei der todesgeängstigten Kreaturen — bald bricht er hervor — wenn jetzt die Tür sich öffnet und der Blick der nach Rettung Gierigen hinausfällt in die prasselnde Feuersbrunst! Raus! Es ist unmöglich! Sie stoßen in Rudeln empor und durch die Gänge — nur nach rückwärts wäre die Möglichkeit vielleicht über Treppen und Stiegen, durch auch dort brennende Gassen hinunter an den Main zu stoßen.
Erbarme Dich ihrer, wenn sie jetzt aufbrechen zu dieser Flucht des Wahnsinns, schreiend, kreischend, stürzend, sich aufraffend — hinfallend auf die rettende Planke des Ufers ihres Stromes! Hierher ziehen die Fluchtbahnen — und gegen den Ringpark, dort werfen sie sich nieder auf die frühlingsfeuchte

Erde, die jetzt angehaucht wird von dem heißen Brunstodem der Glutwinde, die in die Bäume schießen und sie wie leichte Ruten rütteln.

*

Herr, siehst Du jene dort? Sie sitzen in ihrem Keller, als hätten sie nichts von all dem gehört. Sie sitzen friedlich, einander zugeneigt, als wären sie eben erst eingetreten und einer hätte voller Liebe dem anderen sich behilflich erwiesen. Eine Kerze brannte auf dem Tisch; das alte Fräulein hatte sie eben angezündet und hält noch den Leuchter, ihr gegenüber ein Kind, neugierig vorgebeugt — da ging das Licht aus und wie sie standen und saßen, so stehen und sitzen sie noch

— ein einziger Luftstoß der ersten Bombe, die draußen im Hofraum platzte, hatte die Türe aufgeworfen und ist in ihrer aller Atem eingefahren und hat ihre Lungen zerrissen. Sie wissen von nichts und sitzen spukhaft da, eine santa conversazione des Friedens zu halten inmitten der civitas diaboli.

Siehst Du dort: jene sind zurückgewichen und stehen nun ratlos. Sie haben den Sprung durch das Feuer nicht gewagt, und jetzt kommt die heiße würgende Brunstluft; die greift an ihre Hälse, und ein gurgelnder Laut kommt aus ihnen wie von Menschen, die erwürgt werden von unsichtbaren Würgern — so fallen sie hin —.

Sieh jene dort — es sind ihrer elf: zwei alte Männer, fünf alte Frauen, ein junges schwangeres Weib, zwei Kinder und ein fremder Soldat, der hier hereingesprungen ist. Es war tröstlich für sie, den Soldaten bei sich zu haben. Du gabst ihnen das wohl als Gnade; denn Du wußtest, was Du ihnen zugedacht hattest seit jenem furchtbaren Knall, der ihnen sagte, sie seien verschüttet. Da tröstet sie der Soldat. Er kennt das: sie brauchen keine Sorgen zu haben — er war schon einmal drei Tage verschüttet. Nur ruhig! Es ist ein Durchbruch da, er wird ihn durchschlagen. Da hören sie das Hämmern von drüben.

O Gott, auch jene dort drüben, bei denen sie ihren Fluchtweg suchten, suchen und sie suchen hierher. Erbarmen Herr! Laß sie einschlafen! Ach, was jagst Du alle Angst des Todes und der Verzweiflung durch ihre Herzen! Gabst Du ihnen nicht die Hoffnung des Soldaten, der mit dem Pickel jetzt am Durchbruch steht und zuschlägt, daß die Backsteine in Fetzen fliegen, bis durch das schwarze Loch von drüben ein verzweifelndes Gesicht erscheint und fragt: »Bei uns ist nicht rauszukommen, bei euch auch nicht?« Auf schreit das Weib mit dem keimenden Leben im Schoß! »Nur jetzt Ruhe!« schreit der Soldat,

»ruhig auf den Boden legen und ganz ruhig atmen; noch ist keine Zeit zu pochen, daß die draußen uns hören!« Aber er stellt sich schon hin und schlägt eintönig mit dem Hammer an die Wand. Es ist sinnlos, aber es beruhigt die Verzweifelnden. Er hat ein paar Pillen — »Sie beruhigen«, sagt er. Es langt nicht für alle — er zerteilt sie mit dem Messer, jedem ein Splitterchen. Die Schwangere will es nicht nehmen; sie starrt ihn an, als sei er ein Henker, der sie zum Richtblock zerren will. Er lächelt und zeigt allen sein Lächeln, da er selbst ein Teilchen nimmt; und stellt sich dann wieder an die Wand und pocht. Da nehmen sie es, eins um das andere.

Das junge Weib kreischt auf, wie es auf ihrer Zunge zergeht. Und den Kindern hat der lächelnde Soldat gesagt, es sei ein »Gutsle«.

Draußen ist es still geworden.

Nur hier und da ganz fern kracht es noch! »Sie sind fort!« sagt der Soldat, »das sind Zeitzünder«.

Wenn sie ausgegraben werden, Herr, in Wochen oder Monaten, liegen sie so da, — der Soldat noch mit dem Hammer zusammengesunken an der Wand. Müdigkeit wird ihn übermattet haben, aber er steht, als wolle er klopfen bis zum Jüngsten Tag.

*

Jene dort, o Herr, siehst Du sie in ihrem Keller? Das Licht ist plötzlich ausgegangen, und ein paar Schreie gellten auf, dann ist es still geworden. »Wo bist du, Annemarie?« sagt der Mann, »es ist dunkel, ich kann kein Licht machen«. Er hört ein Stöhnen. »Ich steh' hier an der Wand Annemarie, kannst du dich nicht hertasten zu mir, und wo seid ihr, Christl und Fränze?« Er ist auf Urlaub da, ein Soldat — die er ruft, sind seine Frau und seine beiden Töchter. Jetzt hört er ihr Stöhnen. Doch er kann nicht zu ihnen; er wird von einem Balken, der wie ein Riegel quer vor seine Brust gefallen ist, an die Wand gedrückt. Da hört er jetzt das Ächzen und erkennt die Stimmen, die der Frau und die der Töchter. Sie sind alle wie er von stürzenden Balken der Kellerdecke, die zu ihnen niedergebrochen ist, eingezwängt. Eins ruft das andere um Hilfe — hätten sie nur Licht! Da kommt Licht, kommt von oben niedergeträufelt: brennender Phosphor, rinnt und zündet die Fackel der Grausamkeit an, daß sie sich sehen, daß sie sehen, wie das Feuer an sie heranrückt, jetzt die Füße der einen Tochter erfaßt und nun die Brüste der Mutter — —

Hörst Du nicht ihre Schreie der Verzweiflung, da eines die Hilfe anruft des anderen? Ach, nach Dir zu rufen haben sie vergessen — Du bist ihnen zu fern geworden!
Nicht doch, eine russische Magd ist noch da; die liegt unter den brennenden Trümmern und fängt jetzt an einen Choral zu singen und streckt die Hand hinüber zu der jüngsten der Töchter. Es sterbe sich leichter, flüstert sie, und man spüre fast nichts, so man an Gott denke und ein heiliges Lied singe. Der Soldat flucht zu Dir empor und wehrt sich gegen den Balkenriegel, der ihn fesselt —
Da hast Du Erbarmen mit ihnen: oben im Haus lag die Druckerei und darin zu Haufen das Blei. Das Feuer hat es zum Schmelzen gebracht, und nun stürzt der Bach geschmolzenen Bleies nieder in den schreienden Mund und gibt ihnen Ruhe und Frieden.
Was zwingst Du mich, Herr, durch die Katakomben dieser civitas diaboli zu wandern, die aus der civitas dei geworden ist! Laß mich Dir entrinnen, such' Dir einen anderen Knecht!
Aber Du lässest nicht ab von mir!

*

Willst Du mir nicht die Gnade der Barmherzigkeit zeigen, nachdem Du mir so viele Greuel der Hölle gezeigt hast? Willst Du mich nicht wieder emporsteigen lassen, daß ich durch die wirre Herde hinwandle, die drunten am Mainufer treibt und sich in den Anlagen des Ringparks lagert oder schon hinausstrebt aus der Stadt. Da draußen in den Dörfern stehen sie und starren in die ferne Feuersbrunst. Hier aber liegen die Erschlagenen, die Ermatteten; hier irren Mütter nach Kindern, hier jammern hilflose Alte, hier schreiten die ersten Helfer, lesen Verwundete auf und tragen sie hinweg — werfen ein Tuch über eine nackte Leiche oder betten sie zur Seite in die Trümmer —
Dort, in der Nähe der Löwenbrücke, noch im rasenden Sturm, sehe ich einen Schwarm von Nonnen, die sich in die Höhlung eines Bombentrichters geflüchtet haben, über den der glühende Sturmwind dahinfegt. Sie ducken sich wie verängstigte Vögel in ein Nest und beten, noch an allen Gliedern zitternd, vor sich hin. Auf dem Rand des Kraters steht ein Priestergreis in den heiligen Gewändern, und hält eine Monstranz gegen die brennende Stadt! Ein Gehetzter irrt vorüber und schreit zu dem Trichter hinüber: »Singt ein

Te deum laudamus! Singt ein Te deum!« Die verschüchterten Nonnen blicken herüber, aber sie verstehen den Schreienden nicht und er irrt weiter! »Singt ein Te deum!«

*

Hast Du mir nicht versprochen, daß ich etwas retten dürfe? Wieder beginne ich mit Dir zu hadern, und der Getreue, der jetzt erschöpft unter dem Baum liegt im Ringpark, greift in seine Jacke und zieht ein kleines Bild hervor und reicht es mir —

»Ich sah es auf deinem Schreibtisch und nahm es an mich; die Bücher, die wertvollen, die ich noch in den Koffer geworfen hatte, habe ich unterwegs verloren.«

Ich blicke auf das Bild — es ist eine Photographie meines Sohnes, die er vor einigen Tagen aus dem Feld geschickt hat.

Es geht gegen Morgen!

Erst am dritten Tag gelingt es, in den ausgebrannten Keller einzudringen. Die Menschen, die zurückgeblieben sind oder wieder hereingekommen, wühlen in der Asche nach einem geretteten Gut. Zwei Leuchter hole ich aus der Asche, zwei kostbare Porzellanleuchter. Sie pflegten zur Rechten und Linken eines Madonnenbildes zu stehen, das verbrannt ist.

Ein guter Freund hat mir einen Sack geschenkt, dahinein verpacke ich sie, und wie ein Landstreicher beginne ich die Wanderung nach dem Ort meiner Herkunft. Er liegt 60 Kilometer weit im Norden in den Rhönbergen.

Ich wandere ohne Unterlaß. Zuweilen kreisen wieder die Flieger über mir. So ich mich niedersetzen will, beginnt der ganze Körper zu zittern.

Ich darf nicht rasten jetzt, sonst versagt der Körper. Jetzt ist der Wille alles.

Wie unendlich dehnt sich der Weg in die Nacht! Wieder ziehen Bombergeschwader über mich hin, tragen die gleiche Hölle an Bord, sie über eine andere Stadt zu werfen.

Einmal komme ich an eine Straßenkreuzung; da steht ein Mann mit einer Pistole und hält alle vorübergehenden Wagen an. Es hat sich ein Haufen von Flüchtlingen angesammelt —

der Mann mit der Pistole zwingt einen eleganten Wagen zu halten.

Ein »Goldfasan«[1] sitzt darinnen und flucht, daß man seine Würde nicht respektiert. »Die Leute müssen mitgenommen werden!« Da hilft keine Würde

1 Volkstümliche Bezeichnung für Amtsträger der NS-Partei und ihrer Formationen.

und sonst nichts! Der Goldfasan sagt etwas von seinen Reifen, wenn sie abgenutzt seien, wer gebe ihm neue?
»Wenigstens diesen alten Mann können Sie mitnehmen!« sagt der Mann mit der Pistole.
Ich blicke mich um, den alten Mann zu sehen, und merke, wie alle nach mir blicken. Ich?
Ich sehe den Goldfasan mich mustern: ein verkommener Bettler, der in seinem schönen Wagen?
Aber die Menge wird drohend.
Da hastet jemand auf mich zu und ruft meinen Namen.
Die Menschen sehen sich an —
sie haben den Namen irgendwie schon gehört?
Der Goldfasan erschrickt.
»Sind Ihre Bücher gerettet, Ihre Kunstschätze?« fragt mich der Mann, der mich erkannt hat —
ich deute auf den Sack und lächle: »omnia mea mecum porto« — All das Meine trage ich bei mir!
Man reicht mir ein Stück trockenes Brot und einen Schluck warmer brauner Brühe, die man in diesen Zeiten Kaffee nannte. Ich lächle und hadere zum ersten Mal nicht mehr mit Dir: »Ein alter Mann bin ich geworden und ein Bettler — wie schön!« Sie blicken mich an wie einen, der den Verstand verloren hat, — dabei habe ich in diesem Augenblick die Kraft gefunden, nicht mehr mit Dir zu hadern.
Es ist lange nach Mitternacht, daß ich an dem Haus poche, in dem zwei Kämmerchen unter dem Dach uns Herberge boten. Mit erschreckten Augen fragt meine Frau, die mir entgegenkommt, wie ich mit wunden blutenden Füßen die Stiege emporwanke. Sie stützt den Taumelnden und wagt kein Wort. Ich hebe den Sack, den ich nach Bettlerart um die Schulter trage und lege ihn vor sie hin: »Das ist alles, was uns von Würzburg geblieben ist«. Und wie ich sehe, daß ihre Seele taumelt, hülle ich die Kostbarkeit aus dem alten Sack: zwei blütenweiße Porzellanleuchter von edler künstlerischer Form.
»Du mußt die Zeichen verstehen — das sind zwei Zeichen — zwei Kerzenhalter — zweimal, in deiner Tochter und deinem Sohn, ist uns die Erhaltung des Lebens versprochen. Wir haben alles verloren, aber wir werden weiterleben. —
Wir werden weiterleben.«

*

Die Augenzeugenberichte

Du hattest sie angekündigt, die Stunde des Gerichtes

Es ist in den Morgenstunden des 23. Dezember 1944. Der Schnellzug Hamburg–München braust in den Würzburger Hauptbahnhof. Die Menschen schreien und drängen – viele steigen durch die Fenster und eilen dem Ausgang zu.

Er ist nicht gerade großartig, der Würzburger Bahnhof, und beim Vergleich mit anderen deutschen Bahnhöfen tritt er bescheiden in den Hintergrund. Aber was einen hier wohltuend berührt, ist, daß er noch keine Zerstörungen aufweist. Da brüllen die Lautsprecher noch die Zuganschlüsse über die Massen und trotz aller Überfülltheit der Züge, geht doch noch ein geregelter Bahnhofsbetrieb vor sich. Ich trete hinaus aus der Halle mit geringem Gepäck und betrachte von der Front des Gebäudes her die Stadt, ein unzerstörtes Bild des Friedens.

Alfred Dill

*

Erstes Donnern der Apokalyptischen im Januar. Noch waren wir ahnungslos. Musikabend mit Professor M., dem Cellisten des ...quartettes. Er fing mit den drei Solosuiten von Bach an – an und für sich eine gigantische Leistung – nach einer kleinen Pause die drei folgenden, die »über sechs Saiten«. Es war nur noch mondhell im Zimmer, der Raum sehr groß – der Bechstein verliert dem gegenüber seine Unform (Konzertflügel).

Wir haben dann das Abendessen gegessen – dann spielte er weiter – brachte einen technisch schillernden Sarasate – ... und spielte dann einen Reger. – Dabei war VORALARM! Ich dachte grad, M. sei nun am Ende, da rief er: Wünsche äußern! Da kam VOLLALARM –.

Sie flogen so tief in Wellen, daß man sie sehen konnte und das Klirren der Drähte hörte. Vom Dachgarten aus hörte man – weit weg – Einschläge.

Trotzdem fand man es nicht notwendig, in den Keller zu gehen.

Das war ein paar Tage vor dem ersten schweren Einschlag, der eine ahnungslose, ungewarnte Stadt sehr erschreckte. Man saß beim Abendessen und quittierte dieses jähe, einprägsame Emporschrecken mit ziemlich anhaltendem Sichmerken.

Mitte Februar 1945: Wie sicher wir uns fühlten. Es flog Geschwader um Geschwader über uns weg – wir hielten es nicht für nötig, in den Keller zu gehen. Offene, geschützte Stadt, 50 000 Lazarettinsassen – »sie haben was Wichtigeres zu tun, als uns zu bombardieren«. Dann wieder: der Angriff, der den Durchriß von der Eichhornstraße zum Juliusspital herstellte.[1] Wir gingen nachher »schauen« und stellten fest: es war wichtig, wichtiger als Hilfe, die abgeworfenen Flugblätter zu sammeln. Das »Volk« hatte unwissend zu bleiben.

Nach dem Vormittagsangriff auf die Güterstation[2] und den Bahnhof (mit 17 Toten in einem Luftschutzkeller) – anschließend Tieffliegerangriff überm Bahnhofplatz – man hatte noch das Knallen, die Schärfe der Schüsse in den Ohren, lief ich auf die Straße, um zu sehen, »was los sei«. Da war dieses Bild: nebeneinander »ausgerichtet« die Toten und die Sterbenden – den Glacisweg entlang – an der kleinen Rasenfläche vorm Luitpolddenkmal – ein Augustinerpater mit Stahlhelm verteilte unentwegt die Wegzehrung an die dort Liegenden. Es fing wieder an zu knallen – es war, als hörte er es nicht. Er ging ruhig und tröstend und austeilend von einem zum anderen.

Anne Weishaupt

*

Wochen sind dahin gegangen. Ich habe mich in Würzburg angesiedelt und die Stadt näher kennengelernt. Bemerkenswert ist ihre schöne Lage zu beiden Seiten des Maines, überragt von der uralten Festung. Die schöne Residenz,

---

1 nach Max Domarus. Der Untergang des alten Würzburg – Würzburg 1982, S. 89: Montag, 19. Februar

2 ebd. S. 94: Freitag, 23. Februar, früh 6 Uhr

die eine der herrlichsten von ganz Deutschland sein soll! Die vielen, wundervollen Barockkirchen, die vielen Lazarette und Krankenhäuser, die unzähligen Ordensschwestern auf den Straßen und an jedem zweiten... dritten Haus das Madonnenbild.
Sie glauben ja, daß sie besonders fromm und gut seien, diese Würzburger, und daß Maria, die Patronin Frankens, ihre Stadt vor der Zerstörung bewahren müsse. Man warnt sie vor allzu großer Sicherheit, doch sie glauben und vertrauen, auch wenn sie nicht bereit sind, dem Wunsch und Beispiel ihrer himmlischen Herzogin zu folgen.
Die Zeit vergeht. Die bis zum Wahnsinn gesteigerte Brutalität des Krieges hat sich nun doch auch hier schon gezeigt. Mehrere Male sind schon Bomben gefallen und Hunderte von Menschenleben sanken dahin. Bangigkeit erfüllt die Menschen. Nacht für Nacht eilen sie hinaus aufs Land und schlafen in den Kellern. Das Bild der Stadt wie die Haltung der Bevölkerung sind schlagartig verändert — doch ich habe Schlimmeres schon gesehen und erlebt, was ich hoffe, nicht auch hier noch erleben zu müssen. Den nervösen Würzburgern gegenüber fühle ich mich als ein Erfahrener, der um das Schrecklichste weiß, — der sah, wie das rote Element durch Straßen und Gassen jagte, nichts schonend, alles verzehrend, nur Trümmer und Ruinen hinter sich lassend.

Alfred Dill

*

7. September 1947

Sehr geehrter Herr Dr. Weismantel!

Ob meine kleinen Hinweise Ihnen dienen können, weiß ich nicht. Vielleicht sind doch einige Punkte darunter, die Ihnen wertvoll erscheinen könnten. —
Zu Ihrer Orientierung muß ich vorausschikken, daß ich mehrere Jahre beim Rüstungskommando Würzburg tätig war, das ja bekanntlich in engster Fühlungnahme mit dem Gauleiter und seinerzeitigem »Reichsverteidigungskommissar« stand...
Bei den Dienstfahrten im Gau Mainfranken war schon Monate voraus eine allgemeine Nervosität der Wehrmacht festgestellt worden, zumal kleine Trupps von mehreren Soldaten sich auf den Landstraßen herumtrieben und bei Befragen angaben, sie würden die Front suchen. Ein Anzeichen des allgemeinen Niederganges. Die Rüstungsbetriebe hatten teilweise durch einzelne Bombenabwürfe schon großen Schaden erlitten und waren teilweise fast nicht mehr lieferfähig. Zubringerbetriebe hatten keine Leute mehr und wenn Zuweisungen erfolgten, gingen die Leute schon im Januar 1945 nicht mehr der Arbeit nach.
Zu Beginn des neuen Jahres 1945 (in dem Hause, wo ich wohnte, war ein Kriegsgefangenenkommando mit zirka 30 Franzosen) gingen die Kriegsgefangenen in ihren Luftschutzkeller, den sie sich außerhalb des Stadtkerns selbst bauten. Niemals vorher hatten die Gefangenen einen Luftschutzkeller aufgesucht und waren stets daheim in ihrer Behausung geblieben. Auf mein Befragen einzelner Kriegsgefangener bekam ich den Bescheid »Es wird allmählich Zeit, den Luftschutzkeller aufzusuchen, Würzburg kommt bald daran.«
Also ein Hinweis, daß diese Leute zumindest von der Sache wußten, — wußten, daß etwas erfolgen würde.
Nach meinen Statistiken und Aufzeichnungen (diese sind leider durch meine vollständige Ausbombung verloren gegangen) und nach dienstlichen Aufzeichnungen war ja Würzburg von Seiten der Feinde gewarnt worden[1], wie auch die Städte Fulda, Hanau etc.
Erst kam ein Einzelangriff. Erste Warnung. (Abwurf von nur einer Bombe auf die Mainbrücke). Genau nach einem Zeitraum von 17 bis 23 Tagen erfolgte dann der zweite Angriff mit einer etwas stärkeren Kraft. (Abwurf Domplatz-Neumünster). Wiederum vergehen

1 Zu dieser Frage s. Domarus, S. 51 ff.

17 Tage, dann der Angriff auf den Bahnhof.[1] Nunmehr muß logischerweise innerhalb weniger Tage der Hauptangriff folgen. Ich verfolgte dies an den Angriffen auf andere Städte.

Schon Wochen vorher (gegenüber meiner Dienststelle war ja die Gauleitung) merkte ich bei den Nachtwachen, daß bei Voralarm schon die vier Wagen der Gauleitung das Weite suchten. Diese rechnete also schon mit einem Angriff auf unsere Stadt.

An ein Arbeiten war in den letzten vier Monaten nicht mehr zu denken; denn ein Alarm löste den anderen ab. Auch die Feindtätigkeit in der Luft ließ schon vorausahnen, daß Würzburg in Bälde seinem Schicksal entgegengehen würde. Die feindliche Fliegertätigkeit bei Tag und Nacht im Raum Würzburg, Kissingen – Gemünden, Schweinfurt etc. ließ keinen Zweifel, daß nunmehr höchste Bereitschaft nötig war. Von dem Gauleiterstab nichts zu sehen, wer sich drücken konnte, drückte sich – Befehle, die sich widersprachen, wurden gegeben – Notverpflegungen ausgeteilt an die Wehrmachtstellen – Verhaltensmaßregeln gegeben, die gerade das Gegenteil bezweckten, was sie erreichen sollten. Kurzum: ein Chaos, das nicht mehr zu entwirren war. An Evakuieren der Bevölkerung wurde nur gedacht, aber nichts unternommen. In ständiger Trunkenheit schwirrten Parteigrößen in Uniform umher, – um sich möglichst groß zu tun und sich noch in letzter Stunde irgendeinen Vorteil zu sichern.

In unserem geradezu genialen Luftschutzkeller im Gesandtenbau mehrte sich das Volk, so daß in den letzten Wochen kaum mehr in den Schutzräumen durchzukommen war. Kranke und Verwundete kamen in den Keller, die in den Lazaretten nicht mehr unterkommen konnten. Mein immerwährender Hinweis, daß das Ende nahe ist, wurde verlacht...

Paul Geist
Kieseläckerweg

*

Der Kampf (der NSDAP) galt (deshalb) speziell in Würzburg zu 90 Prozent den katholischen Kreisen. Ich erinnere mich noch der täglichen Aufläufe vor dem Echterhaus und des Rufs »Pfaffen heraus«, – obwohl im ganzen Echterhaus kein »Pfaffe« wohnte. Meine Mandanten wagten nur noch, vom Rückgebäude her die Kanzlei zu besuchen. Die Fronleichnamsprozession wurde durch trommelnde Hitlerjungen in der Theaterstraße am ehemaligen alten Bahnhof durchbrochen. Am Domeingang wurden die Kirchenbesucher aufgeschrieben. Selbst der Bischof wurde auf dem Wege zum Dom in sein Palais, einmal sogar unter Mitwirkung des inzwischen verstorbenen Rechtsanwaltes S., angepöbelt...

Die Brutalität und der Totalitätsanspruch der Partei ging in Würzburg unentwegt weiter. Die gegnerischen Beamten und Anwälte wurden gesellschaftlich und dienstlich boykottiert. ... X, der früher sehr freundlich zu mir war, machte – wie so mancher andere Richter – im Glacis lieber einen Umweg, um nicht mit mir ein Stück Wegs gemeinsam gehen zu müssen.

*

Bevor ich nun zur Katastrophe vom 16. März 1945 komme, möchte ich berichten, daß mir ein vertrauenswürdiger Arzt erzählte, es habe eine Ärztekommission des Roten Kreuzes aus Genf in Würzburg geweilt mit dem festgestellten Ergebnis, daß Würzburg als Lazarettstadt erklärt werden könnte[1]. Einer der Teilnehmer dieser Kommission war Gast des Ohrenarztes Dr. O. – Hoffentlich wird die künftige Verhandlung gegen Hellmuth eine Aufklärung bringen darüber, ob die Engländer wirklich ein

1 Nach Domarus, S. 222 ff. lagen die Angriffe der Royal Air Force an folgenden Tagen: 4. Februar (Ludwigsbrücke) – 5. Februar – 12. Februar – 19. Februar (Domplatz, Neumünster) 3. März – 16. März. Der große Angriff auf das Bahnhofsgelände wurde von amerikanischen Verbänden am 23. Februar durchgeführt.

1 Domarus, S. 63

Ultimatum gesetzt haben, das von Hellmuth mit dem Gruß des Götz zurückgewiesen worden sei.[1] Abgesehen davon halte ich es auf jeden Fall für ein geschichtliches Kulturverbrechen, daß die Engländer es ganz wenige Wochen vor Kriegsende für notwendig und tragbar hielten, eine Stadt wie Würzburg nicht etwa nur zu beschießen, sondern durch Brandbomben schlechtweg zu zertrümmern... Wir Würzburger waren ja seit Beginn des Krieges des guten Glaubens, daß die Alliierten nicht nur aus Kulturerwägungen, sondern auch um deswillen Würzburg schonen würden, weil ihnen die Stadt — und namentlich die Residenz — während der Besatzungszeit den nötigen repräsentativen Hintergrund und ausreichende Arbeitsstätten bieten würde.

Wenn meine Aufschreibungen richtig sind, wurden wir zum ersten Male am 3. Februar 1945[2] wo einige Bomben in den Main gingen ohne größeren Schaden an den Häusern bei der Ludwigsbrücke anzurichten, aus unserer Zuversicht aufgerüttelt. Hier schon verdient aber das Lob der Kapuziner gesungen zu werden, die unverzüglich mit Beil und Hacke bewaffnet sich bei der Hausbesitzerin Frau Dr. Behr, Sanderring, freiwillig einfanden, um tatkräftige Hilfe zu leisten.

Der zweite große Bombenabwurf traf am 19. Februar 1945 das Echterhaus, wo die Familie Rottenhäuser, die Gattin des Universitätsrektors Martin und außer einigen anderen mir unbekannten Mietern, insbesondere die ganze Familie unseres Freundes Dr. Döhling vernichtet wurde.[3] Ich selbst hatte eine halbe Stunde vorher glücklicherweise die Kanzlei verlassen. Ich mietete sofort zwei Zimmer im Kontorhaus, wo ich dann den Rest meiner großen Bibliothek mit vier Schreibmaschinen etc. (und zwei Häuser in der Schellingstraße) am 16. März 1945 verlor.

1 ebda S. 70—71

2 Dieser Angriff war am 4. Februar 1945. S. Domarus S. 88

3 siehe »... nur am Rande miterlebt«. Dort S. 67 Rechtsanwalt D. Dr. Döhling war seit Vertragsbeginn im Konzentrationslager Buchenwald inhaftiert.

Zwischen dem 19. Februar und dem 16. März fand am 4. März 1945[1] ein kleinerer Angriff statt, der aber gerade uns in der Virchowstraße dem Tode nahe brachte. Damals wurden mehrere Anwesen hinter der Adalberokirche und ein Anwesen in der Virchowstraße zerstört. Wegen meiner Gehbehinderung und um nicht meinen Angehörigen in der Stunde höchster Not zur Last zu sein, flüchtete ich am 10. März 1945 unter schweren Bedingungen nach Hammelburg. Von dort aus sah ich den geröteten Himmel der Brandnacht.

Dr. Adam Klemmert
Lohr

*

Es sind bange Tage, die man durchlebt...

22. Februar 1945

Wir kommen kaum mehr aus dem Luftschutzkeller heraus. Am 19. Februar abends halb 9 fielen hier fünf Minen. Die Verwüstungen sind furchtbar. Im Kürschnerhof (Salamander, Sparkasse), Eichhornstraße (Spiegelplatz), Juliusspital, Rotkreuzstraße wurden ganze Häuserblocks in Schutt gelegt. Die Menschen in den Kellern sind noch nicht geborgen, dazu kamen Brände — Rom & Wagner, Bürgerspital, Adolf-Hitler-Straße usw. haben die Fenster eingebüßt. Mein Beruf ist anscheinend erledigt. Entweder man sitzt nachts im Keller (neulich bis früh halb 6), dann kommen die Schüler in den ersten Stunden nicht. Um 10 Uhr kommt wieder Alarm, der oft bis drei Uhr dauert, danach rennen wir zum Mittagessen, meist in die Sonne. Die einzige alarmfreie Zeit ist bis jetzt von 5 bis 7 Uhr abends. Wie lange kann man so was aushalten?! Nachts legt man sich halb angezogen hin, um beim ersten Alarmton wieder in den Keller zu rennen.

27. Februar 1945

Am 23. Februar, kurz vor 1 Uhr mittags, hat uns das Schicksal ereilt. Wir saßen schon seit 11 Uhr im Keller. Gegen 1 Uhr hieß es: »Vier-

1 nach Domarus S. 222: 3. März

motorige Bomber im Anflug auf Würzburg!« Die Hausfrauen, die kurz vorher in den Wohnungen waren, um nach dem Essen zu sehen, sausten herunter. Wir haben seit acht Tagen das Radio der Familie L. im Luftschutzkeller — eine Wohltat! Kaum hatten wir alle Türen geschlossen, den Atemschutz mit Brille vorgenommen, prasselte ein Krach hernieder, das Licht ging aus. Also wahrscheinlich unser Haus. Nach fünf bis acht Minuten gingen unsere zwei Männer (Herr K. und der Student) hinauf. Als sie zurückkamen, sagten sie, die Verwüstung sei groß. Neutorstraße 12 zusammengestürzt (Volltreffer) — Neutorstraße 14 halb abgerissen, ebenso Prymstraße 1. Nach weiteren fünf Minuten gingen wir alle hinauf. Unsere Gangtür war beschädigt, alle Fenster kaputt, einige Türen ausgerissen und zersplittert, Decken teils eingefallen, Mauerrisse, Bilder lagen zersplittert am Boden. Die anderen Hausgenossen haben das gleiche Schicksal. Der Dreck lag fußhoch auf dem Boden. Man wußte nicht, wo anfangen. Man schippte zuerst den Schutt hinaus. Bald kamen allerhand Menschen in unser Haus und in die Wohnung, da sie ja offen stand. Neugierige — andere, die nach Angehörigen fragten — Fremde, die bei uns telefonieren wollten etc. — der reinste Jahrmarkt. Sehr bald darauf kam Fräulein Dr. X von der Mozartschule, um sich nach uns umzusehen. Sie sagte, wir sollen in der Schule übernachten.

Die Straße war gleich nach dem Angriff von Aufräumungs- und Bergungstrupps besetzt. Der ganze Angriff war ein Bombenteppich von der Schweinfurter Straße (Bahnunterführung) den Bahnhof entlang bis über das Bahnhofsgebäude. Die Gleise, die Maschinenhäuser mit den Maschinen, die Güterhalle, das Bahnhofsgebäude sind schwer getroffen. Vor der Neutorstraße 11—15 sind drei Sprengtrichter auf der Straße.

Die Arbeit, die so ein Bombenschaden mit sich bringt, ist enorm. Jeder trachtet, von seinen Möbeln vor dem nächsten Angriff (denn daß der Bahnhof nochmals drankommt, ist sicher) noch etwas in Sicherheit zu bringen. Unsere ganze Ecke schafft fort. In Nummer 11 und 13 müssen wahrscheinlich alle Bewohner das Haus verlassen.

Wir schliefen zwei Nächte bei der Hausmeisterin der Mozartschule, eine Nacht in M. bei Familie K. Dann wurden wir durch Zufall von der Familie G., Zinklesweg, eingeladen, dort zu schlafen. Es ist eine Wohltat zu wissen, daß man etwas weiter von der Stadtmitte und dem Bahnhof entfernt ist.

Heute ist nun der erste März und wir vagabundieren immer noch herum. Tagsüber sind wir daheim und warten auf die Fahrbereitschaft, die uns ein Bett, einen Tisch und Stühle fortbringen soll. Aber sie kommt nicht. Wir haben in der Wohnung immer noch kein Wasser und kein Gas. Zum Essen kommen wir fast nicht, denn erstens können wir nicht kochen und zweitens ist unter Mittag immer Alarm.

4. März 1945

Gestern, am 3. März haben wir in einem Handwägelchen einen Karton mit Sachen, Bildern etc. nach M... gefahren und abends um halb 9 kam wieder ein Angriff auf Würzburg. Wir sahen den glutroten Himmel und hörten die Flieger und die Einschläge. Heute um 11 Uhr fuhren wir mit Herrn S. im Auto hinein und standen mit Entsetzen vor der abermals zertrümmerten Wohnung. Eine Bombe war ins Elektrizitätswerk (Prymstraße) gefallen. Dadurch wurden unsere zwei Fensterläden abgerissen, die Gangtür war offen, alle genagelten Fenster waren wieder ausgerissen mit allen Rahmen, die noch ganzen Türen waren kaputt, die Lampen und die Decken heruntergefallen, Möbel zerschlagen. Ein Wohnen ist so nicht mehr möglich. Ach, wenn uns nur die Fahrbereitschaft ein paar Möbel aufs Land brächte, bevor alles kaputt ist!

11. März 1945

Wir vagabundieren weiter, eigentlich ein schauderhafter Zustand! Und doch können wir froh sein, daß wir die Erlaubnis erhalten haben, in M... vier Wochen zu wohnen. Alle Leute wollen jetzt aufs Land, um den noch zu erwartenden Angriffen zu entgehen. Es ist aber jetzt verboten; die nähere Umgebung von W.

soll für die arbeitenden Würzburger reserviert bleiben. Hier in M... geht es uns gut bei Familie K. Wir können wenigstens ungestört schlafen und essen — zwei Beschäftigungen, zu denen man in W. kaum mehr gekommen ist. Deshalb haben wir auch sehr abgenommen. Durchschnittlich gehen wir alle zwei Tage nach W. um nach der Wohnung zu sehen und die zum täglichen Leben notwendigen Sachen herauszuholen.

Anna Brönner
Marellistraße

Und dann senktest du die Schaufel

Dies ist die Nacht

Der Kalender zeigt den 16. März. Herrlich scheint die Frühlingssonne auf die müde blutgetränkte Welt. Es geht auf Ostern zu. Die Natur erwacht zu neuem, jugendfrohem Leben... und so viele Menschen eilen zu ihrem Sterben. Wir stehen im Rhythmus der Arbeit und des Getriebes wie alle Tage und wissen nicht, und ahnen nicht, wie spät es ist. Ich gehe durch die abendliche Stadt. Wie dunkle Silhouetten heben sich die vielen Türme der Kirchen vom Firmamente ab. Es ist VORALARM! Die Lautsprecher brüllen aus den leeren Häusern und Fluren. Die ängstlichen Menschen sind schon alle in den Kellern. Da auf einmal ertönt, wie so oft schon, und doch mit der überstürzenden Hast erhöhter Gefahr, der Schrei der Sirene über die Dächer und verkündet das Nahen der Feinde. Ich steige zu meiner Wohnung empor in der Stadtmitte. Das ganze, große Haus gähnt vor Leere. Freunde haben mich eingeladen hier zu wohnen, auf daß sie in den Stunden der Gefahr nicht allein seien. Nun sind meine Schützlinge alle verflogen und ich stehe allein mit der Zigarette im Munde und einem Buch in den Händen im weiten Kellergewölbe.

Das Rollen der Flugzeuge kommt immer näher. Sollte es nun wirklich ernst werden? Da ... ein Pfeifen, das zum nervenzerreißenden Ton anschwillt, — eine Detonation — ein Krachen, Bersten, Splittern. Die erste Bombe in nächster Nähe, die zweite folgt auf dem Fuße... und nun geht die Hölle los. Bombe auf Bombe stürzt heulend, krachend, berstend zur Erde — Tod und Vernichtung speiend. Die Erde bebt, der Keller wankt, von oben kommen Steine und Ziegel — der rasch und stark wechselnde Luftdruck stört den Atem — der Kamin birst, Ruß, Qualm und undurchdringlicher Staub verbreiten sich im Keller. Noch brennt das Licht, — doch weiter krachen die Bomben und wohin sie fallen in dieser übervölkerten Stadt, da wälzen sich die Menschen in ihrem Blute, da schreien die Verwundeten — die Verschütteten und Erschlagenen ringen mit dem Tod in einem furchtbaren Sterben. Ich lehne mich an die Mauer, verschlinge die Arme über dem pochenden Herzen. Doch meine Seele ist ruhig. SUSCIPE DOMINE! SUSCIPE! Nimm Herr! Nimm Du mein Leben für so viele.

Weiter tobt die Hölle. Das Krachen in nächster und weiterer Entfernung nimmt kein Ende. Minuten werden zu Ewigkeiten. Bomber dröhnen in niedrigster Höhe über uns. Immer wieder neue Anflüge, immer vermehrtes Krachen. Einschläge ohne Detonation — also Zeitzünder — in nächster Nähe. Im Keller fallen die aufgestapelten Sachen durcheinander — das Licht geht aus. Höllische Finsternis umfängt mich. Ist sie nun wirklich da, die letzte Stunde? Sancta Maria, mater dei, ora pro nobis nunc et in hora mortis!

Das Dröhnen der Bomber, das Pfeifen und Krachen, das Heulen und Bersten, das Stürzen und Rumoren nimmt kein Ende. Haß steigt auf aus meinem Herzen, ohnmächtige Wut gegen die Kriegsverbrecher des nazistischen Deutschland quillt in mir auf. WARUM? Jede Sekunde kann mich zermalmen!

Die Erde bebt und zittert... und mit ihr die Herzen. Wie empfinde ich die Einsamkeit in dieser Not so schwer. *Ein* Mensch doch nur, *ein* Wesen, das hier bei mir wäre!

Radiowellen aus England haben vor wenigen Minuten der Welt verkündet als Hinweis auf dieses Geschehen: »*Wir spielen Mozarts 16. Symphonie!*« Und nun spielen sie mit den In-

strumenten des modernen Kriegs, im Bombenhagel und Feuerschein, im Todesstöhnen und in der Sterbensnot. Sie spielen die Symphonie vom Untergang der Welt.
Ich halte die Augen geschlossen, doch da erschreckt mich ein heller Lichtschein. An den Eingang des Kellers fiel eine Brandbombe und das sprühende Feuer ergießt sich — doch gefahrlos — im Umkreis. Ich stolpere mit einer Schaufel die Treppe empor, doch der Luftdruck einer Detonation wirft mich rücklings zurück. Nun sehe ich, ... was draußen vor sich geht. Noch ist der Angriff nicht zu Ende. Wie lange dauert er schon? — Ich weiß es nicht, ... mir scheint es eine Ewigkeit zu sein.
Mit Löscher und Brecheisen bepackt eile ich nach oben entstehende Brände zu löschen. Hell sind nun die mit Schutt und Dreck überladenen Treppen und Stock um Stock, über Trümmer und Balken, zerschlage ich die Türen, stürze durch alle Räume und erkenne: ... dies Haus brennt wie ein Wunder noch nicht.
Erschüttert stehe ich auf der Höhe des Hauses. Das Dach ist eingestürzt, die Flugzeuge donnern noch immer über der Stadt, da und dort krachen und bersten noch die Bomben, rundum steht die Welt in Flammen, mächtige Rauchschwaden wälzen sich über mich hin. Eine bittere Erkenntnis durchdringt mich: Hier ist alles verloren. In kürzester Zeit wird der Weg aus dieser Hölle unmöglich sein.
Ich laufe nieder zu meinem Zimmer, raffe ein paar Sachen zusammen und bringe sie auf die schuttüberladene Straße — klettere hinab in den finsteren Keller und suche dort noch zwei Koffer. Alles andere muß ich schweren Herzens zurück lassen.
Vier Koffer und einen Pack übers Rad geladen, bemühe ich mich zum Barbarossaplatz. Die Menschen stürzen aus allen Straßen und Gassen. Wie Wahnsinnige gebärden sich die Frauen. Schon stauen sich die Massen — der Weg ins Freie ist nicht leicht. Die furchtbare Glut aus dem mächtigen Flammenmeer des Juliusspitals macht die Juliuspromenade unpassierbar. Ich stürze in die Kaiserstraße, die auch schon an vielen Stellen brennt und mit mir stürzen noch viele, viele durch die Trümmer. Ein Weg war es mit vielen Hindernissen in brütender Luft.
Die Menschen schreien, die Flammen prasseln, der Sturmwind singt und der Dauerton sämtlicher Alarmsirenen — sie heulen das Sterbelied einer todgeweihten Stadt.
Ich schiebe das Rad mit dem Gepäck ins Glacis und übergebe es dort den guten Geistern. Zurück will ich, um weiteres zu retten. Doch es ist zu spät. Nun stehe ich am Rande und schaue hin auf die brennende Stadt. Mir bietet sich ein schaurig schönes Bild: Die Hauger Kirche mit der großen Kuppel und den beiden schönen Türmen glüht betend zum Himmel, wie von mystischem Feuer durchstrahlt.
Aus einer Gasse stürzt ein Mann auf mich zu und ruft mit schreiender Gebärde: »Hilf mir große Werte zu retten! Stoffe und Textilien!« Ich helfe ihm und wir schleppen aus seinem brennenden Haus hunderte von Decken und viele Ballen kostbaren Tuches. Zwei Decken sind mein Lohn und ich freue mich kindlich darüber. Zwei Decken! Welch ein Reichtum in dieser armutsvollen Zeit. Ich werfe sie über die Schultern und vergesse darüber, daß ich vor Schweiß triefe und daß ich sie beinahe mit dem Leben bezahlt hätte.
Durch Straßen und Gassen eilend, im Wettlauf mit dem Sturm, dem Feuer und dem Tode, trinke ich die Furchtbarkeit des Geschehens in mich hinein. Da — Entsetzen — hundert Schritte vor mir eine Detonation. Ein schon brennendes Haus fliegt in die Luft! Glühende Balken und Steine fliegen durch die Gegend und um die Ohren, ein furchtbarer Funkenregen stiebt ins Antlitz, die Hitze und die Glut werden unerträglich, der Schrecken lähmt die Glieder. Doch dann nimmt man die Beine auf den Rücken, macht kehrt und sucht die Weite. Ein Zeitzünder ist explodiert... und das wiederholt sich fast jede Minute.
Am Main stauen sich die Menschenmassen. Schreien, Rufen, Weinen! Aus allen Gassen strömt unaufhörlich neues Elend. Was ich in anderen Städten gesehen und erlebt, ist nun auch hier Wirklichkeit geworden. Und doch ist das, was unser Auge sieht, was unser Ohr vernimmt, nur der kleinste Teil des Elends, der

Not, des Grauens, des Sterbens. In so vielen Kellern sind Menschen am Ersticken und Verbrennen. Welcher Mensch kann ersinnen und ermessen, welche Feder kann beschreiben, was sich in diesen Stunden vollzieht?
Im schwarzen Gewand mit der Stola über der Schulter, eilt ein Geistlicher über die Straße. Auf der Brust trägt er sorgsam das Allerheiligste.
Ich stehe jetzt auf der alten Mainbrücke. Funkenregen und dichte Rauchschwaden, glühendheißer und dann wieder eisigkalter Sturm umgeben uns. Vor mir liegt die brennende Stadt. Zuweilen dringt der Blick durch bis zu den brennenden Türmen des Domes, die wie glühende Fingerzeige auch im Sterben noch zum Himmel weisen. Die lodernden Zungen der Hölle lechzen empor nach dem auch für diese Stunden so symbolhaften Zeichen, dem Zeichen von Golgatha. Dann stürzen sie zusammen diese Türme. Ich sehe es und bebe.
Welche Kunst- und Kulturwerke sind in dieser Stadt vernichtet! Generation baute um Generation — ein Jahrhundert vollendete, was das andere begonnen. So wurde eine Welt, so reich und so groß und schön... dann kommt diese Zeit, die alles zerschlägt was Jahrhunderte vorher schufen. Es brennen die Häuser und Kirchen, die ganze Stadt sinkt in Schutt und Asche.

. . . .

Ja, *hoc est nox!* Dies ist die Nacht, die ein Stück des irdischen Himmels in eine grausige Hölle verwandelt. Die Heiligengestalten auf der Brücke haben schon viel gesehen, doch solch ein Bild noch nie! In den Falten ihrer steinernen Mäntel suchen Menschen Schutz gegen den Funkenregen, den Rauch, den Sturm. Ein bestürzendes Bild.
Ich blicke nach Westen. Steil über mir lodert wie eine brennende Fackel die Festung. Einst sah ich diese herrliche alte Burg in künstlicher Festbeleuchtung. Nun glüht sie aus sich selbst und wer es sah, dieses Bild, vergißt es nie.

. . . .

An die Mauern eines brennenden Hauses gelehnt sitzen barfuß, nur mit dem Hemd bekleidet, zwei alte Leute, zitternd und frierend, die nicht mehr gehen können. »Komm doch, Fritz« ruft mich die Alte an, »Helf uns doch! Wo bleibst du denn?« »Ich bin der Fritz nicht, Oma, ich bin der Alfred« sage ich. »Wer ist der Fritz?« — »Der Fritz, mein guter Fritz, er ist ja tot. O helf uns, Alfred! Helf uns, wir gehen hier zu Grunde!« Da sehe ich ein Auto in der Nähe stehen. Dorthin trage ich mit einem Soldaten die beiden Alten, und hülle sie in eine wollene Decke. Einen Apfel gebe ich noch jedem, — sonst kann ich nichts für sie tun.
Ich eile weiter der Löwenbrücke zu. Vor mir wankt eine junge Frau, in einem Bündel ein winziges Kind auf den Armen. »Ich kann nicht mehr!« ruft sie ihrer vorauseilenden Schwester zu. Da nehme ich ihr das Würmchen ab, nur wenige Tage ist es alt, und trage so hoffnungsvolles junges Leben fast feierlich durch Rauch und Feuer zur Brücke.
Die Augen schmerzen und tränen. Sie sind voll von Ruß und Splittern. Ich sehe nichts mehr. Da stehe ich nun lange, lange und reibe sie, bis ich wieder sehen kann.
Weiter geht es über Trümmer und durch Feuer, über Zäune und durch Gräben, dem Südende der Stadt zu. Zutiefst erschüttert von der Erkenntnis, daß Würzburg aber auch vollständig unterzugehen scheint, gewahre ich ein seltsames Bild:
Ein Bombentrichter von übergroßem Ausmaß ist angefüllt mit lauter Ordensschwestern, die hier Schutz suchen vor Rauch und Sturm. Auf dem Rande des Trichters steht im weißen Chorrock und Stola ein alter Priester und schaut hin auf die brennende Stadt. Rührend beten die Schwestern. »Singt ein TE DEUM, fromme Schwestern« rufe ich hinüber. Doch sie verstehen es nicht im Tosen des Geschehens. Ich aber halte ein im Gehen und denke, bete, singe mit dem Sturm und den lodernden Flammen TE DEUM LAUDAMUS — TE DEUM CONFITEMUS! Dich Gott loben wir, dich Gott bekennen wir auch in dem großen Sterben.

In der Südtiroler Straße stehe ich dann am Ziel meines Weges durch die Hölle. Meine Schwester hat den Angriff überstanden. Sie floh mit den Kindern in die Berge. Das Haus aber steht in Flammen. Hinaus schleppen wir nun noch nach Möglichkeit Möbel und Wäsche, große und kleine Dinge. Die Augen versagen immer wieder, die kranken Beine können nicht mehr, die Füße sind voller Blasen.
Später geht der Weg zurück über Trümmer und durch Trichter, durch Rauch und Feuer den Main entlang. Da liegen Verwundete und Tote, rundum klagen die Verwandten. Ich sehe erschütternde Szenen. Dort neigt sich eine Mutter über ihr sterbendes Kind und Tränen rollen über ihre verstaubten Wangen. Ein Mann kniet bei seiner Frau, die Kinder stehen umher. So türmt das Leid sich hier zu Bergen wie Leichen. Viele Soldaten sind eingesetzt und tragen die Verwundeten zum Verbandsplatz. Ich schließe mich ihnen an und helfe tragen. Vier Mann schleppen auf einem zentnerschweren Wagenbrett einen Schwerverwundeten. Er hat einen Arm gebrochen und ein Bein. Das Gesicht ist zerschlagen, der Kopf ist mit einem weißen Tuch umwickelt. Daraus sickert das rote Blut. Da liegt er nun und wälzt sich qualvoll stöhnend von einer Seite auf die andere. Jede fünfzig Schritte müssen wir abstellen — und bis zur Augenklinik, wohin die Verwundeten kommen sollen, ist es noch weit. Der Kranke zittert vor Kälte und stöhnt, während ihm das Blut auch über die Lippen rinnt, nach einer Decke. Da zieht einer seinen Mantel aus und breitet ihn über die nackten Beine. Ich greife einen verbrannten Lumpen am Wege und bette darauf das sterbensmüde Haupt. Wir schleppen weiter, nur dreißig Schritte! Es ist zu schwer. Sechs Mann sollten wir schon sein. Menschen stehen umher und gaffen. Wir rufen sie an zu helfen. Doch sie denken nicht daran.
In der Augenklinik, die nicht vom Feuer ergriffen wurde, sind Fenster und Türen zerschlagen. Ein wüstes Bild bieten die schönen Räume. Die Verwundeten liegen am Boden, bedeckt mit zerrissenen Gardinen. Licht ist nicht vonnöten. Der Feuerschein von außen erhellt hier alle Räume. Wie ein Engel des Lichtes schreitet Schwester Caritas, ordnend und helfend, durch die Not und das Chaos.
Wieder stehe ich im Glacis und suche nach meinen abgestellten Sachen. Es ist schon gegen 4 oder 5 Uhr. Die Kühle des Morgens und die schweißgetränkten Kleider lassen einen frieren. Ich lehne mich sitzend an einen Baum und werfe eine Decke über mich. Jetzt erst fühle ich, wie müde ich bin. Kaum kann ich die Glieder noch rühren. Doch mein Gehirn arbeitet fieberhaft. Mein Geist ringt um die Deutung des grausigen Geschehens. — Herrgott! Warum?

Alfred Dill
Theaterstraße 4

Der Mann auf dem Nikolausberg

....

In der Nacht des 16. März ertönte wieder der schaurige Ton der Sirenen. »VORALARM«.[1] Eine Stunde ungefähr war Voralarm, dann VOLLALARM. Ich stand wieder auf Wachposten in meinem Garten. Da fernes Summen. Plötzlich rotes Licht über der Silhouette des gegenüberliegenden Waldhügels. Eins, zwei, drei rote Leuchtsignale. Ich hinein ins Haus mit dem Ruf: »Sie kommen!!« Im selben Augenblick schon Christbäume über der Stadt. Kurz darauf hunderte von Leuchtbomben. Der Himmel fast taghell. Die Frauen und Kinder in den Keller. Auf der Terrasse unseres Hauses stehe ich mit O. Es fängt ein Sausen und Brausen an. Wie wenn eine Lokomotive Dampf abläßt, stößt es in unsere Ohren. Die Luft scheint in Wellen über uns hinwegzurauschen, — in uns hineinzudringen, daß der Körper bebt und vibriert ... Am Horizont gegen Osten zu ist der Himmel schon blutrot beleuchtet. Kurz darauf, gegen Heidingsfeld, ein farbiges Sprühfeuerwerk. Das war der Hauptsanitätspark XII. Da explodierten Äther und andere

1 nach Domarus S. 102 wurde kurz nach 19 Uhr »Kleinalarm« gegeben.

brennbare Stoffe. Ein grandioses Bild bei allem Elend. Über uns schwebt ein Fallschirm mit einem zappelnden Menschen. Ein abgeschossener Flieger. Ob Freund oder Feind?
In kurzer Entfernung ein niedrig fliegendes Flugzeug! Das gilt unserem Wohngebiet. Wie sich später herausstellt, warf der Menschenfreund Zeitbomben in unsere Gärten.
Der Höllenlärm wächst — und merkwürdig: ich werde ruhiger und überlege. Es ist klar — Würzburg steht in Flammen und ein Gebet steigt in mir auf für die Unglücklichen, die nun in höchster Gefahr oder schon Opfer geworden sind. Das Sternenmeer der Leuchtbomben versinkt, dafür glüht die Feuersglut von der Erde auf. Nach 35 Minuten haben die hundert Flugzeuge[1] ihr Werk vollendet.
Nach dem Abflug der Maschinen versuche ich in die Stadt zu kommen[2]. Am Straßenrand der Steinbachtalstraße Zeitbomben in der Erde. Am Anfang zur Mergentheimer Straße liegen abgeknickte Bäume über der Straße. Der Blick auf die Stadt ist frei. In Heidingsfeld brennt es lichterloh. Immer noch sprühendes farbiges Feuer über dem Sanitätspark, das sich vom übrigen Feuer abhebt. Am Dallenberg Feuer! Gärtnereien brennen — Brand die Mergentheimer Straße entlang. Und drüben unsere Stadt brennt überall. Erst allmählich entwickelt sich der Flächenbrand. Da ein Dachstuhl brennend, — dort schießt eine Flamme hoch. Hoch in der Luft ein Brand: die Türme von Sankt Adalbero wie Fackeln! Weiter vorne links gegen Norden auf der Seite des Marienberges wie eine glühende Galerie im Rauch... was ist das? Die Festung im Feuer! Das Herz tut weh. Auch die Burg zerstört!
Der Blick geht wieder zur Stadt. Die Residenz muß auch brennen. O Jammer! Dazwischen donnert und kracht es an allen Ecken. Zeitzünder gehen hoch, der Staub zieht durch die Luft, es stinkt nach Rauch, nach widerlichem Gas. Hinter uns kracht es — neben uns —. Dreck und Erde fliegen durch die Luft. Man kann nicht durchkommen. Umgekehrt und wieder zurück ins hintere Steinbachtal, um nach den Lieben zu schauen, die nicht wissen, wie groß die Gefahr ist.
Aus dem Wald ruft es warnend: »Mensch, wo willst du denn hin? Weißt du nicht, daß hier überall Zeitzünder liegen!« — Ich weiter in tollem Tempo, über einen Zeitzünder hinweg. Fünf Minuten später hinter mir eine kirchturmhohe Fontäne. Dieser Zeitzünder ging hoch. Gott hat mich beschützt! Das Gelände abgesucht, ob in der Nähe unseres Hauses nichts liegt, das Gefahr birgt. Wieder zurück gegen die Stadt. Wieder aufgehalten durch Polizei. Trotzdem weiter. Am Hügelsbad steht eine Sanitätskolonne. Sie kann nicht einfahren auf die Brücke, da die Oberleitung der Straßenbahn zerrissen ist und die Drähte auf die Straße herunter hängen. Zischend, brausend und heulend tobt der Feuersturm in die Stadt hinein. So stark ist der Sturm, daß man auf der Brücke kaum vorwärts kommt.
Nun kommt das Schlimmste: Am Sanderring brennt jedes Haus. Die Feuermassen schlagen zum Himmel empor. Die Universität, ein feuerspeiendes Ungetüm — am Gericht braust es noch mehr. Wie Schneeflocken im Wintersturm jagt der Wind brennendes Papier durch die Straßen.
Im Glacis brennen Bäume, Äste rauchen am Boden weiter. Verwundete, Amputierte aus den Hilfslazaretten mit blutenden Verbänden, ohne Krücken, aneinanderlehnend, am Boden liegend. Sie wissen nicht wohin. Ein Handwagen kommt irgendwo her. Ein Stabsarzt, schwer verwundet, wird daraufgelegt. Er muß unsäglich leiden, aber er rührt sich nicht. Wir fahren über die Trümmer, der Wagen rüttelt über Steine und Äste. Hin zur Löwenbrücke. Ein Zug Breughel'scher Figuren hinterher. Der Zug des Elends durch Feuer, Hölle und Vernichtung.
Im Glacis sitzt ein Alter und schläft unter brennenden Bäumen. Feuer fliegt über ihn hinweg. Hin zu ihm. Ist er tot? — Nein, — er schläft wahrhaftig. Ein Polizist kommt dazu. Wir wecken ihn. »Ich habe heute Nacht alles

1 Domarus nennt in seinem Buch die Zahl 280.
2 Dr. Maginot war als Luftschutzführer im zivilen Luftschutz eingeteilt.

verloren, — ich habe kein Heim mehr. Ich bleibe hier!« Endlich läßt er sich bewegen und geht weiter, derweilen brennende Äste um uns liegen. Weiter geht es. Kolonnen von Menschen ziehen durch die Wege in den Anlagen. Sie kommen aus den rauchenden Schlünden der Münzstraße und der Ottostraße. Blind durch den beißenden, heißen Dampf finden sich viele nicht zurecht. Verstörte Kinder, — zu tiefst erschreckt durch all das Grauen, gehen sie schweigend im Zug der Armen. Mütter haben ihre Kleinsten in Decken gehüllt. Ob sie noch leben? — Koffer und Kästen liegen herum. Betten, herausgezerrt aus den brennenden Häusern. Weinende Frauen, verbissen die Männer.

Nun weiter zum Standplatz hinter der Residenz. Das Klein-Nizza ist überschwemmt. Dort ist das Wasserbecken ausgelaufen. Endlich finden wir einen Trupp Polizei mit Hauptmann Heller. Rußverschmiert, atemlos stehen die Männer. Sie haben Menschen aus den Kellern geholt und konnten nicht mehr bleiben. Infernalische Hitze hat sie vertrieben. Ich will hinein über den Residenzplatz. Doch die Hitze ist unerträglich. Bis zum ehemaligen Gauhaus geht es. Gasmaske heruntergerissen! Der Schweiß rinnt in Strömen. Die Lunge wird trocken. Schleunigst umgekehrt, sonst ist das Leben dahin. Da sehe ich am Rennweger Tor einen Feuerwehrmann, wie er hoch auf der Leiter stehend allein hineinspritzt ins brennende Innere eines Saales der Residenz. Er hält aus in der Hitze. Vielleicht ist es dort oben nicht so heiß? Hält ihn ein Befehl dort oben? Ist er ein Freund alter Städteherrlichkeit? Wer weiß es? Nun habe ich alle Hoffnung verloren, daß mein Heim noch steht, mein mühsam aufgebautes, — daß meine Praxis noch steht. Doch in jener Nacht war jeder froh, daß er mit dem Leben davonkam.

Unter dem Kriegerdenkmal war ein großer Luftschutzkeller. Dort ging ich hinein, um einen bestimmten Mann zu suchen. Ich fand ihn nicht, aber Hunderte Erschöpfter lagen auf der Erde. Sie schliefen zum Teil — zum Teil waren sie ergeben in ihr Schicksal wohl am Überlegen, was ihnen nun bevorstand. Inzwischen kam Kunde, wo Keller verschüttet waren, wo viele Unglückliche wohl vergebens auf Hilfe warteten. Warum gingen manche zu Grunde? Sie getrauten sich nicht heraus aus den Kellern, weil die explodierenden Zeitbomben täuschten. Sie glaubten noch im Angriff zu sein. So war es im Hause Herzogenstraße 9, — so war es in anderen Kellern. Und es kamen viele Menschen auf der Flucht vor dem Tode um. Leichen lagen auf den Straßen. Da zog eine Frau ihren kranken Vater auf einer Decke durch die Straße.

Sie hat ihn gerettet.

Am nächsten Morgen stand ich am Markt. Erst da brannte unser Haus aus. Aus den Stockwerken schlugen zu den Fensterhöhlen lange Feuerzungen heraus. Eine Decke um die andere stürzte herunter. Krachend und polternd stürzte alles zusammen. Das Falkenhaus nebenan brannte noch. Die Feuerwehr versuchte zu löschen. Es war vergebens, aber vielleicht hat sie mit ihren Bemühungen doch erreicht, daß die Fassade stehen blieb. Hohläugig, übernächtigt saßen Menschen auf den Trümmern. Sie warteten auf den Abtransport, sie hatten Hunger, sie suchten ihre Angehörigen, sie beteten für ihre Toten! Tot und stumm liegst du da, du schöne im Kranz der deutschen Städte. Rauch ist dein Trauerflor, Kandelaber sind deine Kirchen, deine stolzen Häuser. Der Schutt häuft sich zu Bergen.

Schon regen sich hilfreiche Hände. An einzelnen Stellen wird Verpflegung ausgegeben. Zunächst im Freien. An einer Stelle, in der Harmonie, in einem alten Gewölbe, bauen wir eine Küche auf. Da gibt es in den folgenden Tagen Kaffee und Essen. Fleisch haben wir aus einer brennenden Metzgerei herausgeholt. 30 Zentner festes Fleisch. Damit laben wir die noch Zurückgebliebenen. Eine Frau, die in der Schreckensnacht ihre Mutter sowie Verwandte verloren hat und ihr gesamtes Hab und Gut, kocht für 200 bis 300 Menschen Essen in selbstloser Arbeit. Wir holen Brot bei und andere Dinge, — es fehlt an Wasser. Wir suchen in den Kellern nach Lebensmitteln, die verderben würden, um den Menschen zu helfen, und müssen dabei dem Entsetzen begegnen. Zerfetzte, verbrannte Unglückliche liegen unter den Gewölben. Dort haben die Menschen ihre Habe liegen gelassen, um ihr Leben zu retten. Und schon begegnen wir da und dort der Gier nach fremdem Gut, nach Genußwaren — begegnen wir der Sucht, eigenen Schaden durch fremder Menschen Gut zu decken. Wir begegnen auch dem Undank, der darin bestand, daß man dem Helfer in der Not kaum das Essen gönnte...

Dr. Alfons Maginot
Steinbachtal 32

Die Hand Gottes hat mich berührt

Vorbemerkung:

Dieser Brief wurde in die Sammlung der Augenzeugenberichte aufgenommen, weil er in der »Totenklage über eine Stadt« verarbeitet wurde.

C. Ettighoffer

zur Zeit Res. Laz. Mütterheim
Rhöndorf am Rhein, 23. Oktober 1944

Miseremini mei, saltem vos, amici
mei, quia manus Domini tetigit me!

Lieber Herr Doktor!

Entsetzliches geschah: Terrorangriff auf Bonn am 18. Oktober. Drei Volltreffer auf und um mein Haus. Hinterher zahlreiche Brandkanister und Stabbrandbomben. Nur meine Tochter Gabriele 19 Jahre, stud. phil., entkam mit erheblichen Verletzungen, die jedoch geheilt werden können.

Meine Frau lag im Luftschutzkeller eingeklemmt verschüttet und gottlob besinnungslos als das Feuer langsam über sie kam und sie langsam verzehrte. Mein Töchterchen, Marliese — 15 Jahre — jedoch, mein hoffnungsvoller, talentierter Liebling, ein außergewöhnliches Kind, erlitt den grausamsten Martertod. Mit und neben ihr lag eingeklemmt die russische Hausangestellte Maria Bawrina, eine treue Seele. Maria sprach dem Kinde Mut zu und hieß sie nicht verzagen. Währenddessen holte meine verletzte Tochter Gaby Hilfe herbei im fast total brennenden Bonn. LSP und Pioniere kamen und versuchten mit Motorwinden die Trümmer zu heben, weil das Feuer, genährt durch Kanister, rasend um sich griff. Es gelang den Helfern nur in den verschütteten Raum zu dringen und bis an die Verschütteten zu gelangen, ohne jedoch beide aus der Einklemmung befreien zu können. Maria fühlte das Feuer näher kommen und fing an, russische Choräle zu singen. Sie sang eine Stunde lang, bis das Feuer ihren Mund verschloß. Währenddessen hatte man meine Marliese so weit freibekommen, daß nur noch der rechte Arm eingeklemmt lag und keinesfalls befreit werden konnte. Da entschlossen sich drei anwesende Ärzte zur Amputation, die sofort vorgenommen wurde. Aber während dessen rutschte glühender Schutt nach und erfaßte das Kind, das sofort am ganzen Körper brannte. Es blieb nichts übrig, als ihr die erlösende Spritze zu geben und ihr die letzten Qualen zu erleichtern. Sie entschlummerte nach wenigen Minuten und konnte dann, als Leiche, mit Hilfe eines Kranes, aus den Trümmern gerissen werden. Maria fanden wir am folgenden Morgen, ihre Reste füllten nur noch eine Waschschüssel. Meine Frau fanden wir erst am 19. Oktober, nachmittags, bis auf geringe Spuren verbrannt. Aber während dieser Nacht, da noch die beiden Toten unter den Trümmern lagen, drangen »Volksgenossen« in meinen noch heilgebliebenen Weinkeller, erbrachen einen dort stehenden Vorratsschrank und mehrere abgestellte Koffer und Kisten. Nach Aussagen von Zeugen war bald ein wüstes Sauf- und Freßgelage im Gange. Fehlten nur noch die p. p.-Weiber. Mehr als 50 Flaschen Wein, eine Reserve für alle Fälle, wurden durch die Gurgeln gejagt, meine ganzen Wintervorräte an Lebensmitteln verzehrt, alle Koffer und Kisten gestohlen und viele noch heilgebliebenen Sachen zerschlagen. Sie fanden die Luftschutzkeller-Handtasche meiner Frau mit allem Schmuck, mit den Sparkassenbüchern, den Scheckbüchern, mit 3 500 Mark Bargeld (Notgroschen und Fluchtgeld) und entwendeten alles. Die leere Tasche meiner Frau fand ich später auf dem Schauplatz der Untat zwischen leeren Weinflaschen und zertretenen Lebensmitteln. Und dies alles, während wenige Meter weiter, zwischen kaum abgelöschtem Brandschutt, noch zwei Tote lagen, was den Burschen genau bekannt sein mußte, denn der Geruch nach verbranntem Fleisch war fast unerträglich im Keller.

Sind das noch Menschen? Was habe ich ihnen getan? Ich will nicht fragen, ich kann nur noch beten und habe meine Hilfe bei Gott gesucht und in unserer katholischen Religion und ihren Heilmitteln gefunden. Sonst wäre ich wahnsinnig geworden. Meine Älteste liegt bei mir im Lazarett und wird von katholischen Schwestern liebevoll betreut, genau wie ich auch. Heute will ich aufstehen, um meine Toten der Allmutter Erde zu übergeben. Dann muß ich zusehen, daß ich wieder zu Kraft und Gesundheit komme, denn ich muß für Gaby leben bleiben.

In tiefer Trauer!
Ihr
C. Ettighoffer

Grausame Ovation zum 70. Geburtstag

Schlüsselfeld, 13. September 1947

Geehrter Herr Doktor!

Ihrer Bitte um Mitteilung von Erlebnissen am 16. März 1945 komme ich nach, wenn ich auch außer der Tatsache, daß dieser Tag — ausgerechnet mein 70. Geburtstag — dem eine Feier am Neuen Gymnasium vorausgegangen war — für mich und die Meinigen den Beginn einer Leidenszeit bedeutete, deren Beendigung vor dem Abschluß des Restes meiner Jahre nicht mehr zu erwarten ist, nur wenige Einzelheiten berichten kann.

Kurz nach dem Weggang der letzten Gratulanten setzte die grausame Ovation der Engländer ein — mit voller Wucht, haarscharf am Südrande des geschlossenen Häuserblocks der Sanderau, so daß am Ende des etwa 20 Minuten dauernden Bombardements so ziemlich alle Häuser der Arndtstraße und Südtiroler (= Friedrich-Spee-) Straße in Brand standen, teilweise schon in Schutt lagen wie mehrere mir benachbarte Häuser der Südtiroler- und Randersackerer Straße, deren Bewohner sämtliche unter dem Schutt begraben wurden, ohne daß irgend jemand sich um ihre Rettung bemühen konnte. Wir selbst konnten unser Haus — Eckhaus Südtiroler-Arndtstraße (Nummer 19) — noch ohne Schwierigkeiten verlassen, jedoch aus dem brennenden Keller nurmehr einen kleinen Teil der gepackten Koffer — unter Lebensgefahr — retten und diese dann unter übermenschlichen Anstrengungen durch das Feuertreiben und über die Trümmer der mit eingestürzten Mauern bedeckten Arndtstraße hinweg zum Mainufer bringen, wo wir die empfindlich kalte Nacht verbrachten.

Die Arndtstraße war völlig menschenleer, da alle Bewohner — auch die übrigen sieben Parteien unseres Hauses — sofort nach dem Bombardement zum Main geflohen waren und wohl niemand eine Rettung seiner vier Wände versucht hatte. Einige Häuser wurden erst nach Beendigung der Bombardierung vom Feuer der Nachbarhäuser ergriffen, hätten also bei Zusamenhelfen aller Insassen wohl gerettet werden können. Die allgemeine Verwirrung und die Angst, die brennende Straße später nicht mehr passieren zu können, haben das vereitelt. Vom Main aus beobachteten wir noch längere Zeit verspätete Explosionen in der Umgebung.

Meinen Freund Oberregierungsrat Dr. Günder, Syndikus der Universität, fanden wir am nächsten Tag zusammen mit seiner Frau verkohlt unter einem Steinhaufen in der oberen Arndtstraße, Ecke Scheffelstraße, wo sie — da beide sehr kurzsichtig waren — wahrscheinlich beim Versuch zum Main zu gelangen von einer einstürzenden Mauer erschlagen und wohl vom Feuer der brennenden Fenster und dergleichen erfaßt wurden. Nach Aussage ihres Sohnes Karl hat das Ehepaar den Luftschutzraum kurz nach der Bombardierung verlassen.

Die Sanderauer wurden in Randersacker untergebracht, wo wir zwei Nächte in einem eiskalten Luftschutzkeller verbrachten und des weiteren sieben Tage auf dem Stubenboden einer mitleidigen Frau schlafen durften, bis es uns gelang nach Überwindung aller möglichen Schwierigkeiten und Gefahren Schlüsselfeld zu erreichen. In diesem mit Flüchtlingen überfüllten Ort des Steigerwaldes nennt sich eine düstere, kalte und im Sommer unerträglich heiße Dachkammer mit allem ihr zustehenden Dreck, die gleichzeitig Küche, Wohnzimmer, Arbeitszimmer, Empfangssalon und Fremdenzimmer ist, unsere »Wohnung«. Da wir leider gar nichts fortgeschafft hatten, so nennen wir gar nichts mehr unser eigen — nicht einmal ein einziges von meinen vielen Büchern — und unser Los ist nun, in Stumpfsinn und fern von allen unseren vielen Freunden den Rest unserer Tage als Geduldete in der Dachkammer zu versauern — ohne Heimat, ohne Heim, ohne das Lebensnotwendigste.

Ergebenst Dr. Gg. Gräbner,
vorm. Oberstudienrat am
Neuen Gymnasium

... und — über einhundert Kinder

Vorbemerkung:

Der Verfasser, als Vierzehnjähriger 1944 zum Arbeitseinsatz an den sogenannten »Westwall« abkommandiert, kam von dort im November in seine Heimatstadt Würzburg zurück, wo er dann im Januar 1945 als fünfzehnjähriger Schüler noch einen vierzehntägigen Einsatz beim Volkssturm abzuleisten hatte. Durch beide Belastungen und die Lebensumstände der damaligen Zeit körperlich geschwächt, erkrankte der jugendliche Heimkehrer schwer und wurde am 10. Februar 1945 in das Luitpoldkrankenhaus Würzburg eingeliefert, wo er den 16. März 1945 erlebte.

Das war eine Nacht! Am Abend heulten die Sirenen. Sie heulten in letzter Zeit ziemlich oft. Stumpfsinnig, stur, fast instinktiv ging man eben wieder einmal in den Keller. — Endlich waren alle Kranken untergebracht. Nach ungefähr einer Stunde kam vom örtlichen LS-Sender die Meldung, daß die Feindflugzeuge im Abflug seien und mit baldiger Entwarnung gerechnet werden könne. — Um nachher, nach der Entwarnung, nicht zu viel Gedränge zu haben, brachte man die Kranken der unteren Stockwerke einstweilen wieder auf ihre Zimmer.

Da kam plötzlich die Meldung: »Erneut feindliche Angriffe aus vier verschiedenen Richtungen auf unsere Stadt. Mit einem Luftangriff muß gerechnet werden!« Schnell alles wieder zurück in den Keller. Schon hörte man das unheilvolle Brummen der Verbände in der Luft; — da wurde plötzlich bemerkt, daß drei Kinder aus der Diphterieabteilung und der Junge, der bei mir im Zimmer liegt, schwer unter Tbc leidet und allein nicht gehen kann, fehlten. Ich lief hinauf in mein Zimmer, — im Hause war alles stockfinster, — und rief nach Otto, meinem Leidensgenossen. Er hatte sich schon aus dem Bett und dem Zimmer »gearbeitet« und lehnte hilflos an der Wand im Gang. Der Angstschweiß stand ihm auf der Stirne. — Er wird es sowieso nicht mehr lange machen, dachte ich, — aber er selbst wußte das nicht und bangte jetzt um sein Leben. Obwohl mir »Strengste Bettruhe« verordnet worden war, nahm ich ihn auf den Rücken und schleifte ihn die Treppe hinunter.

Kaum unten, kam Schwester Eva und brauchte jemanden, der ihr half, die Kinder von der Diphteriestation zu holen. Ich hatte zwar noch keine Diphterie gehabt, aber jetzt durfte nicht mehr lange überlegt werden, denn es ging um Menschenleben. Also keuchte ich rauf in den ersten Stock, holte zwei der Kleinen aus den Betten, nahm sie auf den Arm und rannte mit ihnen schnell wieder in den Keller zurück. Dort saß nun alles bunt durcheinander. Der eine hatte Scharlach, der andere Diphterie, der dritte Typhus, der vierte Tuberkulose usw. — aber das spielte jetzt alles keine Rolle mehr. Eine Schwester schloß die Türe, da fielen die ersten Bomben und dann folgte eine furchtbare Detonation nach der anderen. Schwester Eva

und ich sorgten im Keller einigermaßen für Ordnung, denn außer uns waren nur noch ein paar alte Ordensschwestern da und — über einhundert Kinder!!!
Gleich beim ersten Einschlag wurden die Türen aus den Angeln gerissen, ging das Licht aus, füllte ein furchtbarer Qualm und Staub den Keller. Die Kinder schrien, die Schwestern beteten, — es drohte eine Panik. Wir legten den Kindern nasse Tücher auf die Gesichter und erstickten selbst fast dabei. Dann stemmten wir uns mit aller Kraft gegen die große Tür, hinter der die schweren Gewichte des Krankenaufzuges hingen. Wir hatten mit dem Leben abgeschlossen, Minuten schienen wie Stunden, — es war furchtbar. Und immer wieder das Bersten von Einschlägen, hieß es Kopf runter, — dann langsam wieder hoch, — war alles nochmal gut gegangen. Endlich war die furchtbare halbe Stunde vorbei. Ein Kind war gestorben, einem anderen hatte man durch Luftröhrenschnitt das Leben gerettet.
Bis früh um drei Uhr half ich, wo es nur ging. Löschen, Kranke tragen, Verwundete und Tote bergen und vieles Andere mehr. Fast immer mit der Gasmaske vor dem Gesicht und dem Stahlhelm auf dem Kopf.
Das war eine Nacht! Ganz Würzburg war ein Flammenmeer, — unsere schöne Heimatstadt in Schutt und Asche gesunken.
Todmüde legten wir uns um drei Uhr früh zwischen Scherben und Dreck in den Gang. Wie würde sich dies alles auf meine Krankheit auswirken? Bis morgens um acht hatte ich keine Ahnung von dem, was zuhause war. Ich wollte nicht länger warten und selbst sehen, was dort geschehen war. Als ich die Straße hinunter ging, kam mir meine Mutter entgegen, — rauchgeschwärzt, eine Tasche und eine Decke unter dem Arm, einen Schuh notdürftig mit Bindfaden zusammengehalten. Wir seien völlig ausgebombt, erzählte sie mir, — aber das machte jetzte nichts, denn die Hauptsache war, daß wir lebten.
Noch einmal gingen wir zusammen an »unser Haus« und trafen unterwegs viele Bekannte, die alle unser Schicksal teilten. Obdachlos, beschlossen wir, nach Wernfeld zur Oma zu gehen. Ein Weg quer durch die Stadt mit furchtbaren Bildern! Tote und nochmals Tote, — alles zerstört, — es war einfach furchtbar! Wer das wohl zu verantworten hatte...?
Und selbst noch von der Landstraße mußten wir alle Augenblicke in den Graben: »Tiefflieger!«
Nachts um elf kamen wir endlich völlig erschöpft in Wernfeld an, wo uns Oma liebevoll aufnahm. Um 12 Uhr hörten wir dann in den Nachrichten, daß »Würzburg in der Nacht das Ziel eines schweren Luftangriffs gewesen sei...« Ob Vati, der noch 1943 eingezogen worden war, unsere Nachricht noch bekam? Wir wußten es nicht und sollten ihn erst im Mai 1946, als er aus französischer Kriegsgefangenschaft heimkehrte, wiedersehen.

Hubert Münch

Ich sah...

....

Es war Voralarm. Ich ging mit meinem zehn Jahre alten Buben vom Hause Wagnerplatz 7 mit einer Frau und deren 15jähriger Nichte in ein Gartenhäuschen in einem Siedlungsgelände des östlichen Teils des Grombühls, direkt im Rücken der Pestalozzischule. Ein bängliches, dumpfes Gefühl lastete auf uns. Da surrten schnelle Flieger heran. Die Türe des kleinen Häuschens hatten wir offen. Da sahen wir hoch am Himmel über dem Standortlazarett brennende »Christbäumchen«, Zeichen des unheimlichen Angriffes. Dann war auch schon die Hölle los. Wir vier Personen knieten auf dem Boden und ringsum war Dröhnen und Poltern. Noch starrten die 15jährige und ich entsetzt durch die offene Türe, da sahen wir die Fabrik Noell, das Krankenhaus, überhaupt alles vor uns in Flammen. Die befreundete junge Frau lag wie gelähmt mit dem Gesicht auf dem Boden. Mein Bub betete laut »Lieber Heiland, beschütze mich!« und weinte dabei. Ich hatte die Berechnung über die Zeit verloren.

Ringsum mußten nach meinem Gefühl die Bomben nur so fallen. Da plötzlich wieder ein Krachen — und unsere schwache Holzhütte stürzte über uns zusammen. Die Nachbarhütten, ebenfalls besetzt, klirrten und klapperten und fielen zusammen.
Endlich, ich wähnte eine Stunde sei vergangen, war Ruhe. Verstört liefen wir aus unserem Durcheinander heraus. Zwei Hütten brannten aus, vor unserer Türe brannte eine Stabbrandbombe. Im übernächsten Ackerfeld sahen wir am nächsten Tag zwei Trichterlöcher.
Als wir uns dann noch in der Nacht vom Garten entfernten, sahen wir einige Meter entfernt, wo der Garten aufhörte, wie einige ausländische Arbeiter sich beim Anblick der brennenden Stadt bei den Armen eingehängt hatten und vor Freude schunkelten.
Am Rande des brennenden Grombühl ging ich dann nach dem Wagnerplatz zurück. Ich sah unser Haus am Dach lichterloh brennen... Wir standen dann alle an der Ecke Brückner- und Danziger Straße. Alle Menschen hatten erstarrte Gesichter. Ich sah dann meine Tochter Paula an einem Haus in der Danzinger Straße stehen. Sie ging dann mit mir an die geschützte Stelle der Brückenstraße.
Ich sah, wie eine junge Frau schnell aus der Richtung unseres Hauses kam. Ich glaubte, es wäre noch etwas zu retten. Ich wollte mit meiner Tochter auch in den Keller gehen, da war sie mit meinem Schwiegersohn schon verschwunden... Ich stand dann am Hause... Inzwischen reichte der Hausbesitzer Kleider aus dem Notausstieg heraus. Ich nahm sie ab. Mein Schwiegersohn löschte im Keller einen kleinen ausgebrochenen Brand. Meine Tochter entfernte sich gerade wieder vom Hause, da stürzte eine Vorderseite ein und traf meine Tochter Paula Strohm tödlich. Sie war noch so jung, erst 21 Jahre alt. Ich sah sie noch laufen, dachte aber es sei ein Soldat, der sich da bückte.
Fast vier Tage lag meine Tochter in einem leeren Zimmer eines Hauses der Danziger Straße. Dann brachten wir sie auf einem Handwagen zum Friedhof. Es war bitter. Die Menschen in der Stadt, in den engen Gassen müssen Schreckliches erlebt haben. Der Tod meiner Tochter, der Untergang unseres Würzburg, hat mir das größte Leid gebracht.
Ich grüße Sie herzlichst und empfinde mit Ihnen tief und schmerzlich den Untergang des schönen alten Würzburg.

Barbara Schneider
Wagnerplatz

Die Erde schloß sich über 59 Sanitätssoldaten

Zur Zeit der Katastrophe Würzburgs stand ich im Militärdienst als Obergefreiter und erster Schreiber einer Sanitäts-Ersatzabteilungs-Kompanie, die in der Mainaukaserne ihren Sitz hatte ... Am 16. März 1945 hatte ich Bereitschaftsdienst. Nach dem Abendbrot auf der Mannschaftsstube arbeitete ich noch in der Schreibstube weiter. Es gab Voralarm. Man suchte seine sieben Sachen zusammen und bereitete sich auf den Gang zum Luftschutzkeller vor. Dieser befand sich im Keller des Kasernengebäudes. Er erschien mir nicht sehr Vertrauen erweckend, denn seine Abstützung war im Laufe der Zeit geschwunden und dadurch locker geworden, auch waren die Abstützungen nach bisherigen Erfahrungen zu schwach. Der verantwortliche Hauptmann als Luftschutzoffizier hielt sie aber offenbar für ausreichend, — wenn er sie überhaupt gesehen hatte. Die Keller waren infolge Überbelegung der Kasernen überfüllt, die Zugänge eng, die Notausstiege dürftig. Folglich suchte ich einen anderen Keller auf, der außerhalb des Gebäudes unter der hallenartig gebauten Schreinerei eingerichtet war. Dort konnte einem bei einem Gebäudeeinsturz nicht sehr viel auf den Kopf fallen und bei einem Volltreffer war alles wahrscheinlich sofort zu Ende.
Als nun der Vollalarm ertönte, nahm ich die beiden Schreibmaschinen unter den Arm und begab mich zunächst in die Unterkunft der Schreiner, die oberhalb des zuletzt genannten Luftschutzkellers lag. Dort gab es ein Radio. Die laufenden Luftschutzmeldungen der Warnzentrale Würzburg liefen durch. Sie lau-

teten: »Größerer feindlicher Verband im Anflug auf Crailsheim. Kleinere Verbände beziehungsweise Einzelflugzeuge nähern sich aus Richtung Fulda dem Stadtgebiet.« In weiteren Meldungen wurde das Nahen der Flugzeuge aus Richtung Fulda immer mehr betont. Dazwischen die Meldung: »Ein größerer Verband feindlicher Flugzeuge nimmt ab Crailsheim Kurs auf unsere Stadt. Gesteigertes luftschutzmäßiges Verhalten dringend nötig.«
An dieser Stelle hörte ich lautes Flugzeuggeräusch. Ich wollte nachsehen, was das wäre. Wir löschten das Licht, öffneten die Türe, die ebenerdig auf den Kasernenhof führte und wurden von panischem Schrecken erfüllt:

Der Himmel war taghell erleuchtet!

Es waren die Abstecklichter des feindlichen Verbandes, die über uns explodierten. Es rauschte geheimnisvoll, da und dort blitzten kleinere Lichter am Firmament auf, — weiße, rote und grüne. Das alles erfaßte ich in dem raschen Lauf um die Ecke zum Luftschutzkeller.
Im Keller stand alles Kopf an Kopf, das heißt Stahlhelm an Stahlhelm. Ich drängte mich durch die Reihen, bis ich unter einen Türbogen zu stehen kam. Schon hörte man von draußen die ersten Detonationen. Ganz dumpf und ferne noch. Es rauschte in den Lüften herab, es schlug auf die Erde auf und detonierte mit leichter Bodenerschütterung bis zu uns herein. Bald klangen die Einschläge ferner, bald näher. Im Raum herrschte Totenstille, jeder horchte nach draußen. Ich könnte nicht sagen, was die anderen um mich gedacht haben mögen. Ob sie beteten, ob sie die Vorgänge rein technisch verfolgten? Ich befahl mein Schicksal der Vorsehung und versuchte, möglichst wenig aufgeregt, mich dem Kommenden unterzuordnen.
Das elektrische Licht erlosch schon gleich nach den ersten Einschlägen. Man entzündete eine bereit hängende Kerzenlaterne. Jedes Gefühl für Zeit schwand. Ich hatte nur den Wunsch, es möchte bald alles vorbei sein. Da tat es einen furchtbaren Schlag in der Nähe. Eigentlich war es gehörmäßig ein Doppelschlag. Heftiger Luftdruck fegte über die Köpfe, das Licht erlosch und ich spürte nur noch, wie alle Soldaten um mich in die Kniebeuge gingen. Durch die Wände ging ein Knistern — über uns rumorte es, als ob schwere Möbelstücke hin und hergeschoben würden, dann war alles wieder ruhig. Die Explosionen draußen wurden seltener. Nachträglich kann man feststellen, daß die schicksalhaften 21 Minuten des Zerstörungswerkes vorüber waren.
Man strebte zum Ausgang. Die Eisentore waren verklemmt. Soldaten krochen durch den Notausstieg ins Freie und öffneten von außen. Wir traten hinaus. Roter Widerschein eines riesigen Feuers erleuchtete den Kasernenhof. In unserer nächsten Umgebung war wenig Zerstörung zu sehen. Durch Luftdruck waren verschiedene leichtere Gegenstände herumgeschleudert worden, Dachziegel und Fensterglas bedeckten den Boden weithin.
Drüben über dem Main aber war der Steinberg, an dem der edle Wein wächst, in blutiges Licht getaucht. Wie rötlich-weiße Bänder zogen sich die Weinbergmauern durch den dunkleren Hintergrund — alles war aber so hell, daß man Einzelheiten des Berges gut erkennen konnte.
Zum Betrachten war keine Zeit. Kommandos schallten auf und riefen die gesamte dienstfreie Mannschaft zum Sammelplatz. Man hörte, in der dritten Kompanie, welche das östliche Kasernengebäude bezogen hatte, wäre ein Teil des Hauses eingestürzt... und unter den Trümmern lägen Soldaten. Eine Mine[1] war in den Zwischenraum zwischen Kaserne und nächster Straßenzeile gefallen. Durch ihren Sog hatte sie die beiden Häuserzeilen aus ihrem Verband herausgezogen und bei der Explosion die Trümmer wieder zurückgeschmettert. So lag denn die ganze Schuttmasse auf dem Keller. Sie wegzubringen waren nur Fäuste zur Verfügung und da dauerte es lange. Ein Namensvetter von mir war mit in dem Keller, dessen Unzulänglichkeiten ich oben schon beschrieben habe. Er stand unter einem Türbo-

1 nach Domarus S. 106 wurden beim Großangriff am 16. März keine Luftminen abgeworfen.

gen. Bei Einschlag der Bombe, so schildete er mir den Vorgang, beobachtete er, wie hinter ihm die Decke des Kellers sich senkte. Die Balken splitterten, die Männer, die in dem Keller standen, duckten sich und schon brach die Decke mit ihrer großen Last herunter, alles unter sich begrabend. Das ging alles blitzschnell und er selbst wandte sich sofort zur Flucht dem Notausstieg zu. Doch konnte er noch die Feststellung machen, daß kein menschlicher Laut, nicht einmal ein Stöhnen mehr, beim Niederbruch der Decke und danach aus dem Unglückskeller drang. Er gelangte halbtot vor Staubentwicklung endlich ins Freie. Er war Schreiber dieser Kompanie. Es wurden die Namen der fehlenden Männer festgestellt, man buddelte aus und erst nach drei Tagen war man bis zur Tiefe vorgedrungen. In einem Schuppen wurden die Leichen zusammengetragen. Man nahm ihnen die Erkennungsmarken ab, soweit sie solche trugen. Viele hatten sie im Spind liegen. Man suchte nach persönlicher Habe in den Taschen, vor allem suchte man die Toten zu identifizieren. Eine Ehrenwache zog vor dem Schuppen auf. In der Schreibstube wurde eine Totenliste erstellt. Mit der Friedhofsverwaltung wurde das Massengrab besprochen, in dem die Soldaten beigesetzt werden sollten. Lastwagen fuhren am Schuppen vor, die Männer wurden hinaufgeschlichtet, mit Decken der Sicht entzogen und zum Soldatenfriedhof nach Heidingsfeld gefahren. Eine Abordnung ging mit zur Beerdigung. Die Erde schloß sich über 59 Sanitätssoldaten aller Mannschafts- und Unteroffiziersgrade.

Ein Jahr später, im Frühjahr 1946, kommt an mich die Anfrage einer Frau aus der Oberpfalz, ob ich nicht wisse, ob ihr Mann bei den Toten sei. ... Ich beginne mit Untersuchungen. Am Friedhofsamt in Würzburg wird mir erklärt: »Endlich einmal lüftet sich der Schleier über den 59 unbekannten Sanitätssoldaten im Soldatenfriedhof in Heidingsfeld. Es wurden damals diese Soldaten zur Beerdigung angemeldet, sie wurden zum Friedhof gebracht, wir wollten sie namentlich feststellen, es ging nicht. Keiner der Toten hatte irgendeinen Ausweis bei sich, nicht einmal die Erkennungsmarke. So begruben wir sie in der Hoffnung, die Totenliste nachträglich zu erhalten. Als wir wenige Tage nach der Beerdigung in der Kaserne nachfrugen, war die Kompanie mit unbekanntem Ziel abgezogen. So sind wir nicht in der Lage, die vielen an uns gelangenden Anfragen befriedigend zu beantworten.«

Nun weiß ich, daß die Liste angefertigt worden ist. Ich selbst habe Einblick in sie genommen. Die Kompanie wurde damals nach Waldbüttelbrunn verlegt, wohin sie die persönlichen Habseligkeiten der Toten mitnahm, um sie gelegentlich den Angehörigen zuzusenden. Die Benachrichtigungen der Angehörigen waren auch schon geschrieben, konnten aber mangels Postdienstes nicht mehr abgeschickt werden. Die Amerikaner rückten näher – der Troß zog sich nach Versbach zurück. Dort wurde auf Befehl ein großer Teil der mitgeführten Sachen vernichtet, darunter auch persönliche Habseligkeiten der Toten. Der Sachbearbeiter hat, wie er angibt, in Waldbüttelbrunn dem Kompanieführer die Totenlisten übergeben, der sie dann schon auf dem Rückzug über den Main verloren hat. Einige Soldbücher, Brieftaschen und dergleichen wurden in Waldbüttelbrunn später – im Wasser liegend – gefunden und dem Roten Kreuz in Würzburg übergeben. Das ließ dann den betreffenden Angehörigen Mitteilungen zukommen, nachdem ich festgestellt hatte, daß die Namen der Inhaber auf der Totenliste gestanden hatten. Von diesen wenigen Ausnahmen abgesehen liegen diese 59 Mann aber unbekannt in dem Massengrab; denn alles, was dazu dienen könnte, sie zu identifizieren, ist untergegangen... und sie werden bis zur Ewigkeit als unbekannt in ihrem Grabe ruhen.

Herbert Engelhardt

... aber man hätte sein Herz gerne herausgerissen

....

Langsam wurden dann die als notwendig erkannten »Kelleraufenthalte« so, daß man sich entschloß, auswärts (Waldbüttelbrunn) zu übernachten.

Ein paar Tage vor dem großen Angriff ein ungewöhnlich schöner, zarter Vorfrühlingshimmel und eine überstark leuchtende Venus hatte eine allererste und allerzarteste Mondsichel am Bandel.
Es war kurios.
Ich sagte zu Franziska – wir schoben die von den glasscherbenübersäten Straßen immer kaputten Räder – übermüdet: »Schau hin, wer weiß, ob's uns noch lange gegönnt ist« –

Und am Abend des großen Angriffes, dem 16. März – todmüde, und kurz vor der Löwenbrücke wieder beide Räder kapores – die Naziautos sausten wie verrückt – das sicherste Zeichen eines kommenden Angriffes – sagte ich zu Franziska:
»entscheide, ob wir uns hinaufschleppen!«

Die sehr tapfere, widerstandsstarke Franziska antwortete: »Schicksal, wenn wir drauf gehen, ich kann nimmer!«

Es wurde unheimlich. Die Wohnung, Haugerring 14, zu erreichen, war nicht mehr möglich. Drum Ottostaße. Da war ein Verließ, da spürte man die entsetzlichen, qualvollen Lufterschütterungen der Einschläge und das wehtuende Heruntersausen der Bomben nicht so. Aber: »wenn ihr verschüttet werdet, kommt ihr nicht heraus.«
Wir landeten als die Vorletzten im Luftschutzkeller, hinter uns noch etwas Leichenblasses, Schwerkrankes... Dann kam schon die erste Luftmine, die das Treppenhaus traf, bald eine zweite und dritte... die schwankende Decke – das kauernde Sitzen und Warten »aufs Verrecken«. Hinter mir schlugen die Beine einer ohnmächtigen jungen Frau – »dankenswerterweise« – denn sie hielten mich wach, – trommelten rhythmisch auf mich ein.
Sie donnerten über einem weg, die Apokalyptischen – man verabschiedete sich im Geiste von denen, die man liebte, – sandte ihnen noch Grüße und sagte ihnen was Gutes... und wartete.
Dann die Engelsbotschaft: der Weg ins Freie ist offen, aber durch Flammen! Der Luftschutzwart, ein Monstrum, wie der Kapitän aus Taifun von Josef Conrad – korrekt bis zum Wahnsinn, weil etwas anderes außerhalb seiner Fähigkeiten – schickte uns unter dem zusammenstürzenden Hauskoloß in den noch tobenden Angriff, weil die Vorbedingungen zum Räumen des Luftschutzkellers gegeben waren. Es war aber trotzdem Erlösung wieder atmen zu können. Im Keller: diese schwankende Dekke, das Herunterbröckeln der Mauerteile, das schwerer werdende Atmen... Durch Flammen der Weg – ins Freie durch eine Bombenbresche – das Hintorkeln zum Nizza.
Haltloses Zusammensacken an der Mauer im Nizza, weil einen einfach die Beine nimmer tragen und über uns – knapp über den Bäumen hinsausend – noch ein einzelner Flieger, der etwas weiter oben noch abgeworfen hatte. Explodierende Zeitzünder – Funkentreiben, wie in einem großen flockigen Schneetreiben – manchmal ein Windstoß, der Atmungsmöglichkeiten schafft. Heller Wahnsinn: die Bäume, die des Ozonmangels wegen keine Atmungsmöglichkeiten mehr hatten und sich hysterisch tief gequält und um Luft ringend weit herunter bogen.
Das kann man sich nur vorstellen, wenn man's selber gesehen hat.
Ich würde es in der Beschreibung keinem glauben.
Manche zerbrachen wie leichte Hölzer... wir hatten genug zu tun mit dem Ersticken der Brandstellen, die auf unseren Pelzsachen durch den Funkenwirbel – mit großen brennenden Holzteilen durchschleudert – entstanden.
Nach einer Weile kam die Erkenntnis: hier können wir nicht bleiben. Das war unsere Rettung; denn am anderen Tag war ein riesiger Bombenkrater da, wo wir hingeflüchtet waren. Todmüde weitertorkeln zur Löwenbrükke. Alles Flammen!

O WÜRZBURG!

Tränen hatte man keine, zu erschöpft, – aber man hätte sein Herz gerne herausgerissen ohne zu fragen wofür.

Inzwischen hallten wie Aufschreie stürzende Glocken — gemartert klang das. Auf der Brükke plötzlich: dieses grandiose Schauspiel.
Unwiederstehlich,
hinreißend,
man konnte nicht weiter gehen.

Am andern Tag versuchten wir, hereinkommend von Waldbüttelbrunn, unsere Räder zu retten. Es glückte auch. Aber was uns entgegenströmte an gelben, schwankenden, gemarterten, ausgemergelten Gestalten, das war schwer ertragbar als Anblick. Viele sagten auch: der Angriff... das ging. Aber was nachher gekommen ist: dieses langsame Erstikken...
und Warten...
und Wissen!

Wieder ein paar Tage später hob sich der Rauch und das Skelett der Stadt lag unter einem hellblauen Märzhimmel...!

Wieder stand man auf der Brücke und stöhnte:

ACH WÜRZBURG!

Weitab jeder Pose hätte man doch die Arme gerne ausgestreckt und diese Stadt, zu der man gehörte, umfangen, wie einen sehr geliebten Schwerkranken und, wenn's was genutzt hätte, das Leben drum gegeben.
Ich habe beim Angriff dreitausend Bücher verloren, einen Bechsteinflügel und unter anderem unersetzlichen eine Stainergeige 1645. — Unter meinen Büchern: der ganze Jos. Conrad, Jack London, Upton Sinclair, Wells, Dreiser, van Loon, Oskar Maria Graf, Jules Romain, Giono, Stendhal, die Russen natürlich, Gide... Sie waren auch darunter, »Franz und Clara« liebe ich sehr — und all die geliebten Hab-Seligkeiten! — Sie waren ja nicht leicht erworben.
Zum Teil wurde das Zeug bei einem Artillerie-Volltreffer in Waldbüttelbrunn zerstört. Die Nazi konnten ihre Sachen retten — sie hatten »Beziehungen« zur Fahrbereitschaft und hatten Möglichkeiten. So ein lausiger, dreiviertelabgeurteilter Antifaschist... da war es nicht der Mühe wert. Hier in Waldbüttelbrunn erlebten wir nach etwa 14 Tagen das gleiche (wie in Würzburg) — nur noch schauerlicher, weil diese verrückten Nazihammel in einer vollständig hoffnungslosen Situation dieses armselige Dorf zum Brückenkopf erklärten. So unvorstellbar sinnlos... ein ganzes Dorf zerstört, trotzdem man ganz genau wußte, es ist eine sinn- und kopflose Handlung. Tagelange Artilleriebeschießung — und nicht mal Schutzkeller. Da ging noch viel zu Grund und wurde verstümmelt. Dieses Letztere fürchteten wir mehr als den Tod. Tod... na ja — aber verstümmelt!!!
Das ist mein Beitrag zu dem Mosaik, das Sie wünschen. Nun steht man mit Neugierde vor dem Winter: ob — und wie — und ich wette mit mir selbst: wirst du deinen »Humor« (= irgend so eine Fähigkeit des Überbrückens) verlieren oder nicht. 90 Prozent tippe ich auf: nicht verlieren.

Mit schönem Gruß
Anne Weishaupt
Haugerring 14

Die ganze Welt schien weit entrückt zu sein

....

Ich kann mich so gut an jenen letzten Abend erinnern...
Wir hatten gleich nach dem kurzen Abendessen unsere gepackten Taschen mit dem Allernotwendigsten genommen und waren zum nahen Luftschutzkeller gelaufen. Es war noch kein Alarm, aber es war so zur Gewohnheit geworden, jeden Abend im Keller zuzubringen, daß man bereits Stunden, bevor die Sirenen schrillten, sich einen Platz sicherte.
Unten im Gewölbe war es feucht, von den schmutzigen Wänden tropfte das Wasser und sammelte sich am Boden zu kleinen, trostlosen Lachen.
Auf den aufgestellten Bänken saßen zusammengepreßt die Leute, alte und junge, arme

und reiche. Das trübe Licht gab den bleichen Gesichtern einen gelben, gespenstischen Schimmer. Es wurde nicht viel geredet. Die Glücklichen, die sich einen Platz direkt unter der Lampe erobert hatten, lasen oder beschäftigten sich sonst irgendwie. Die Kinder schlummerten in den Armen müder Mütter oder weinten schlaftrunken vor sich hin. Sonst war ein stetes Kommen und Gehen.
Die Letzten, die noch von den Alarmen am Nachmittag verblieben waren und zu einem kurzen Abendessen heimgingen, wechselten mit den Ersten, die für die Schrecken der Nacht ein Asyl suchten. Es waren fast keine Männer da, nur Greise und Knaben, die selbst den Maßgebenden des Dritten Reiches zu jung waren als billiges Kanonenfutter. Von den Frauen waren viele gut gekleidet und noch jung. Aber fast alle waren irgendwie gezeichnet, hoben sich wie blasse Schemen von den Kalkwänden ab und wirkten seltsam geschlechtslos. Es war eine Atmosphäre wie vor dem Weltuntergang, so gespannt und so wesenlos war alles. Ich haßte dies. Es war mir unerträglich, an jenem Abend mehr als zuvor.
Ich ging hinauf in den großen Garten, der das Anwesen umgab, und lehnte mich atemholend an das Gitter. Die hohen Bäume wußten das Erste vom Frühling. Ich konnte weit über die Stadt sehen. Die schlanken Silhouetten der zahlreichen Türme verblaßten in der Dämmerung. Am Himmel funkelte ein einsamer Stern. Durch die Luft kam die Sehnsucht, wie sie immer im Frühling da ist. Ich dachte wie wunderbar es sein müßte, jetzt diese Ruhe unbefangen genießen zu können, ohne die stete Spannung im Herzen. Die Straßen waren fast menschenleer. Aus der Stille löste sich plötzlich das eindringliche, brummende Geräusch eines Flugzeuges: »Aufklärer«, sagte jemand neben mir. Ich drehte mich um und sah einen jungen Soldaten mit dickverbundenem Kopf. Er kam aus dem Lazarett gegenüber. Gleich darauf wurde Voralarm gegeben. Nun belebten sich mit einem Male die Straßen. Aus den Häusern rannten die Menschen, alle bepackt, alle eilig, alle ängstlich. Am Eingang zum Keller stockte der Strom.
Es wurde geschoben und gedrängt. Die Leute, überreizt und nervös, kannten keinerlei Rücksichten mehr.
Das Brummen in der Luft wurde stärker. Der Soldat neben mir pfiff durch die Zähne. »Sie sollten in den Keller gehen« sagte er.
Ich begriff erst nach einer Weile, daß das mir galt. Der Garten hatte sich geleert und war finster und fast feindlich. Ich sah auf den Mann neben mir, der, auf seinen Stock gestützt, vor sich hinstarrte. »Heute, heute kommt es hier zum Ende.« Die Worte, von mir gedacht, sprach der Soldat langsam nach. Oder hatte ich es nicht gedacht? Oder hatte er es nicht gesagt?
Ich ging mit langsamen Schritten zum Eingang des Kellers. Es war mir, als würde ich ganz steif, als erstarrten nach und nach meine Glieder und jemand ziehe mich an einem langen Faden erbarmungslos in die Tiefe. Der Luftschutzraum war überfüllt, die Luft lagerte sich schwer auf die Menschen, die unruhig auf die Ansagen des Rundfunks lauschten. Ich bahnte mir langsam einen Weg bis ich in die Nähe meiner Mutter kam. Selbst das Wissen um die Nähe eines geliebten Menschen hieß das Gefühl der Hilflosigkeit, des Alleinseins nicht gehen. Mir gingen die Worte aus einem Gedicht von Hermann Hesse nicht aus dem Sinn:

Wahrlich keiner ist weise,
der nicht das Dunkel kennt,
das unentrinnbar und leise
von allen ihn trennt.

Die Stimme der Ansagerin vom Rundfunk trennte die Stille und der große Raum füllte sich ganz mit den Worten: »Kampfverbände in Richtung auf unsere Stadt. Mit einem Angriff ist zu rechnen.«
Atemlose Ruhe trat ein. Eine Ruhe, die lähmend auf die Gemüter wirkte. Die Menschen sahen sich mit blassen Gesichtern an. Die winzige Flamme der Hoffnung begann unsicher hin- und herzuflackern und erlosch mit den ersten dröhnenden Schlägen, die alles erzittern ließen. Wie zur Bestätigung kam die monotone Stimme aus dem kleinen Empfangsgerät:

»Bomben auf Würzburg, weitere Anflüge...« Die Stimme brach ab, das Licht erlosch, zitternde Hände mühten sich ab, eine Kerze zu entzünden. Aber da wurde von entsetzlichen Kräften Vernichtung und Tod herabgeschleudert, grauenhafte, fernste Mächte stürzten Verzweiflung und Not auf die Erde. Die ganze Welt schien weit entrückt zu sein, man war finstersten, ungeahnten Gewalten ausgeliefert ohne Hoffnung auf Hilfe und Rettung. In das Dröhnen der Einschläge wurden leise Gebete geflüstert. Kinder starrten mit großen Augen auf die ratlosen Großen, wagten aber eingeschüchtert nicht zu weinen. Ich versuchte mir immer wieder vorzustellen, was nun kommen würde. Der Tod, vor dem man sich wochenlang still geängstigt hatte, saß einem zur Seite, stand auf dem gleichen Fleck: Aber er hatte keine Macht mehr über mich. Ich fühlte mich befreit und ruhig. Mein Herz hat, glaube ich, nicht schneller geschlagen, ich hörte auf die furchtbaren Explosionen, jede einzelne schien mir eine schöne Hoffnung, eine Sehnsucht, ein Glück zu zertrümmern.

Ich wollte irgendwie wissen, was nun im Augenblick sinnlos vernichtet wurde. Ich feilschte mit dem Schicksal, das unerreichbar an irgend einem Himmel wohnte, um ein Haus, um eine Kirche.

Nur das nicht, dachte ich, und dies nicht und jenes nicht. Und währenddessen starb eine schöne, anmutige Stadt den qualvollen Tod.

Als nach minutenlangen Ewigkeiten sich die Hölle wieder geschlossen zu haben schien, kamen die ersten Nachrichten. Man schrie verworren von Feuer und Toten, deren Zahl man ja unmöglich schon wissen konnte. Wie nach jeder Katastrophe herrschte Panikstimmung unter den Menschen, die alle zum Ausgang drängten, brutal jeden niederwarfen, der ihnen ein Hindernis war. Die Kinder wurden gedrückt, gestoßen und schrien jammernd nach ihren Müttern. Verwundete Soldaten lehnten hilflos an der Wand. Niemand kümmerte sich um sie.

Die ersten klaren Nachrichten kamen, die erschreckend und trostlos lauteten – die ersten Menschen kehrten zurück, grau im Gesicht und hoffnungslos. Ihr Heim mit allem, was sie besaßen, war ein Raub der Flammen geworden. Ein kleiner blonder Junge fragte die weinende Mutter eindringlich nach seinem Schaukelpferd. Als er nur immer schmerzliches Schluchzen zur Antwort bekam, begannen sich seine Augen langsam mit Tränen zu füllen.

Selbst die Kleinsten wurden nicht verschont.

Allmählich füllte sich der ganze Keller erneut mit schluchzenden betrübten Menschen, die bar aller Habe in dem Gewölbe ein Nachtasyl suchten. Nur die Kinder schliefen übermüdet an die Wand gelehnt ein.

Den Erwachsenen wurde dieser Trost nicht zuteil. Sie starrten teilnahmslos vor sich hin. Schließlich hielt ich es nicht mehr aus. Ich bahnte mir langsam einen Weg nach vorne und hinauf zum Garten. Draußen war die Hölle los. Der Himmel schien mit purpurnen, graugesäumten Tüchern bedeckt. Vorbei war der friedliche Schein stiller Sterne. Erzürnte, allmächtige Dämonen hielten furchtbares Gericht. Ein heftiger Feuersturm bog die Äste der Bäume zur Erde und hinderte am Vorwärtskommen. Ich lief bis zum Gartengitter und starrte entsetzt und gebannt zugleich in die entfesselten Gewalten. Ächzend stürzten brennende Balken auf die Straße. Ich schaute mit schmerzenden Augen zur Stadt hinein.

Ein Feuermeer warf dort unten hohe Wogen. Es brannte alles. Ich suchte nach einem dunklen Eck in dem flammenden Rot, aber es brannte überall. Und an vielen Stellen loderten riesige Fackeln.

Das waren die Kirchen. Und um mich brannte alles. Asche und Funken tanzten mit dem unheimlichen Sturm einen Reigen. Dazwischen wieder Explosionen von Zeitzündern, krachende Balken, zusammenstürzende Häuser. Und inmitten dieses Inferno Menschen, schreiende, wimmernde, hilflose Menschen, irren Blicks, mit einem armseligen Bündel letzter Habe im Arm, mit zerstörten, alten Gesichtern. Sie rannten stolpernd vorwärts, ohne sich umzusehen. Kinder weinten unendlich einsam nach ihren Müttern, Mütter suchten verzweifelt nach ihren Kindern. Verwundete

krochen vorwärts ohne Hilfe. Zwei alte Leutchen standen Hand in Hand und sahen den Flammen zu, die ihr Haus auffraßen. Ich kannte die Beiden. Sie hatten lange gebraucht bis sie sich das nette Heim leisten konnten. Aber sie hielten sich bei den Händen. »Glücklich, wer diese Nacht nicht allein erleben muß«, ging es mir durch den Sinn.
Da stand auch plötzlich wieder jener verwundete Soldat vor mir, der mir vor einigen Stunden begegnet war. Sein blasses Gesicht mit dem weißen Verband kam mir vertraut vor seit Urzeiten.
Der Sturm tobte. Ich lief durch stillere Straßen, ungehindert brannten die Häuser. Man war auf eine derartige Katastrophe nicht vorbereitet gewesen. Dabei hätten sie alle es wissen müssen, daß es so kommen würde. Aber es war müßig, nun noch mit einem Menschen rechten zu wollen. Ich kam an einem Vorgarten vorbei. Hier hatten noch vor einigen Stunden süß und verheißungsvoll die ersten Veilchen geduftet. Nun lag alles mit Steinen und Staub verschüttet.
Wo das Haus stand, gähnte ein riesiger Trichter. Scheinbar war hier eine Mine gefallen.
Als ich endlich vor unser Haus kam, war ich unendlich erstaunt, daß es stehen geblieben war. Ich war nicht erleichert, es war nicht ein winziges bißchen Freude in mir. Das Haus schien mir fast feindselig mit den großen Löchern, aus denen Fenster und Türen herausgerissen waren. Ich trat gleichgültig in den Flur.
Man hörte durch die große Stille das Prasseln und Knistern des Feuers ringsum. Meine Augen taten mir weh und ich war sehr müde.
Der Sturm drang in das Innere und rüttelte an den Türen, die halb aus den Angeln gerissen waren. Überall trat man auf Glassplitter und abgebröckelten Verputz. Ich ging durch den Garten. Die Beete waren bedeckt mit einer Schicht von Dachziegeln und Steinen.
Ich setzte mich auf die Verandastufen und wartete. Aber es dauerte noch lange bis diese Nacht zu Ende war.
Und da ich jetzt die Erinnerung an sie niederschreibe mit Worten, die viel zu dünn und zu leer sind für ihre Furchtbarkeit und entsetzliche Schönheit, scheint mir als sei sie noch gar nicht zu Ende. Als stürzten noch immer glühende Funkenregen über uns, als tobten noch immer grausame Stürme. Ich habe noch so deutlich den Morgen im Sinn, den Morgen, der dieser Nacht folgte. Alles war grau, Himmel, Erde und Menchen. Unter den riesigen Aschenbergen glommen die Funken weiter. Die Anlagen, einst mit Recht der Stolz der Stadt, waren bevölkert mit den Übriggebliebenen, Mutlosen, Armen. Die Sonne, die vorher so strahlend über dieser Stadt aufging, schien durch hundert wehmütige Schleier. Gebrochene Äste lagen verstreut auf achtlos niedergetretenem Rasen. Bäume streckten ihre verkohlten Arme anklagend in die Höhe. Es war ein herzzerreißender Anblick. Man hörte keinen Vogel singen. Aber plötzlich drang ein eigentümlich klagender Ton durch die rauchschwere Luft. Es war das Armesünderglöckchen vom Dom, das sich einige Male zitternd in Bewegung setzte und dann wieder verstummte. »Und vergib uns unsere Schuld«, mußte ich unwillkürlich sagen und ich sprach es für alle mit.

Gertrud Köhler
Lortzingstraße

Und dann kommen Menschen aus Würzburg

... Was wir erlebt haben seit dem letzten Seelsorgerbrief zu Neujahr 45!
Die Zeit des Schreckens. Fliegerangriffe. Auf dem Feld und im Weinberg duckten sich die Leute hinter Mauer und Hecke wenn Tiefflieger anbrausten. Die Sirene jagte von der Arbeit, aus dem Gotteshaus, nachts aus dem Bett. Die Kinder saßen mehr in Schulkellern als in Schulsälen. Seit dem 11. Januar kein Gas mehr.

Am 4., 5. und 12. Februar Luftminen auf Würzburg.
Die ersten Toten!
Die ersten zerstörten Häuser!

Am 19. schwerer Fliegerangriff im Herzen der Stadt. Fast 300 Tote.[1] Am 23. der Hauptbahnhof und halb Grombühl zerstört. 183 Tote.[2] Am 25. Bomben im Ochsenfurter Gau. Dabei: Je näher der Krieg, desto härter »der Druck von oben«. Spitzel überall. Bissige Witze über die »Führung«. Heimlich gärender Zorn. Man hört von Erschießung vieler unvorsichtiger Plauderer.
Am 3. März schwerer Luftangriff. Großer Schaden, viele Tote in Sanderau, Grombühl, Rennweg.
Und dann der 16. März! Würzburgs Sterbestunde! Abends 20 Uhr! Der infernalisch auf- und abschwellende Chor der Sirenen ging durch Mark und Bein. Näherkommendes Donnern. Der Keller bebt. Wir beten. Generalabsolution für alle. 20.15 Uhr. Rasch einmal nach oben schauen! Die Nacht taghell durch die am Himmel schwebenden Leuchtzeichen. Unser alter Turm riesengroß ernst, in blendendem Licht. 20.20 Uhr. In dröhnenden Geschwadern fährt der Tod daher. Die Schiefer unseres Turmes klappern wie in Todesangst. Wir in den Kellern geduckt, zum Sterben bereit. Immer neue Wellen grollender Todesboten. Fernes Wummern niederwuchtender Bomben. Wie Todeshämmer schlagen sie in den Leib der wehrlosen, unglücklichen, herrlichen Stadt und zerreißen ihn. Die Feuerpfeile von 300 000 Brandbomben fressen sich gierig in die offenen Wunden. Phosphorregen strömt feurig nach.[3] In 17 Minuten ist das Werk des Grauens getan. Was Jahrhunderte gebaut, haben Minuten vernichtet. Die weltberühmte Stadt des Barock und Rokoko ein Feuermeer. Dom, Residenz, Marienburg, Universität, alles brennt. Regierung, Bischofspalais, alle Domherrnhöfe, alle Spitäler, alles, alles brennt. Alle Kirchen brennen.

Und hier? Im Ort, merkwürdig, viele Brandbomben, doch kein Brand. Aber im Teufelskeller brennen vier Häuser. Und an der Straße brennen die Gärtnerhäuser Daig, Benkert und Götzner. Von drüben lodert das brennende Heidingsfeld, überragt von der Riesenfackel des brennenden Turms der Pfarrkirche. Wir rennen zum Löschen, zum Helfen. Aus der brennenden Stadt rast uns ein wütender heißer Sturm entgegen, der uns umwerfen will und uns Feuerfunken ins Gesicht peitscht. Die Flammen der brennenden Häuser brüllen auf im Sturm. Wir bergen die Kindern, retten Betten und Gut. Und wieder Geheul der Sirenen! Flieger kommen. Doch sie sehen aus der Ferne die schauerliche Größe ihres Werks und drehen ab.
Und dann kommen Menschen aus Würzburg! In ihren Augen das Todesgrauen, die irrsinnige Angst. Verrußt, todmüde von Todessprüngen über brennende Balken und glühende Mauern. Rot entzündete Augen, Brandwunden, Rauchgift in den Lungen. Was sie erzählen, schauerlich! Wir nehmen sie auf, laben sie. 37 in dieser Nacht im Pfarrhaus, 6000 in Randersacker. In der Frühe zelebrieren 40 Priester die heilige Messe. Großzügig und großmütig helfen die Randersackerer. Wäschetruhen, Kleiderschränke tun sich auf, Vorratskammern, Weinkeller. — Zeit der christlichen Liebe.
In den nächsten Tagen Elendsprozessionen auf der Straße von Würzburg her: die Abgebrannten, rauch- und schweißverschmiert, ihre letzte, ausgegrabene Habe auf Kinderwagen, Handwagen, eine neue Heimat suchend. Die Bauern haben schwere Zeit, im Dienst der Ärmsten ruhelos hin- und zurückfahrend. Und immer in Angst vor den Fliegern. Jedes Brummen jagt die Straßen leer.
Und andere rennen in die Stadt, bang um das Schicksal der Ihren. Sie steigen über rauchende Trümmerhaufen, fragen, betrachten angstvoll die verkohlten Leichen, die in den Vorräumen der Kirchenruinen gesammelt werden — bahnen sich den Weg zur ehemaligen Wohnstätte, graben, kriechen in Kellerlöcher, finden Leichen. Sie sammeln die armseligen Überreste in Kisten, tragen sie zum Friedhof, graben mit

1 Nach Domarus S. 91 ermittelte das Standesamt 112 Todesopfer für den Angriff am 19. Februar 1945.

2 Nach Domarus S. 94 wurden 178 Todesopfer registriert

3 Domarus nennt S. 106: 380000 Stabbrandbomben und ca. 1250 Sprengbomben.
Keine Minen und keine Phosphorbomben.

eigenen Händen das Grab, bitten einen zufällig anwesenden Priester um Einsegnung.
Um das Kriegerdenkmal vor dem Friedhof Massengräber. Auch hier Beerdigungen: von Soldaten, die der Tod auf dem Schlachtfeld verschont hatte und im Luftschutzkeller nun holte – hiesige Leute: Familie Spitz, Großmutter und Kind – von Verwandten hiesiger Leute: Mutter und Tochter Wadenklee, Frau Anna Stoll – von Würzburger alten Leuten, die hier an Rauchvergiftung starben – von Verzweifelten, die sich selbst töteten.
Hier im Ort Massenspeisungen in der Turnhalle. Massenquartiere in allen Schul- und Gasthaussälen. Der Saal der Kinderbewahranstalt: Krankensaal.
Ein Blick über Würzburg: Wie ein weißausgeglühter Totenschädel geistert die Kuppel von Stift Haug ausgebrannt über die Ruinen. Einem bleichen Gerippe gleich liegt die Stadt, aller Dächer beraubt. Die Türme enthauptet. Über allem schwebt noch die Rauchwolke des verfluchten Brandes. Beim Gang in die Stadt: Häuser »in den öden Fensterhöhlen wohnt das Grauen«. Die Kirchen: die barocke Pracht, der Jubel des Rokoko im Feuer verlodert; die Putten und Engel gestürzt, ihr seliges Barocklächeln im Sturz zum schreckensvollen Grinsen verzerrt. Das Herz weint, wenn man durch die leeren toten Straßen irrt. Und überall Tote. Verkohlt, verdorrt, verschmort, verschrumpft. Manche ausgebrannte Skelette. Leichenteile: geballte Fäuste, betende Hände, schwarz, dürr. Grinsende Schädel. Die Angst jagt einen. Kein menschlicher Laut. Da plötzlich Glocken! Gottes Wunder! wo?
Das Käppele steht noch. Von dort läutet es. Leute, die noch nicht geweint haben, stehen und weinen. Und in der Stadtmitte ragt hoch und schlank wie eine steingewordene Flamme der rote Turm der Marienkapelle und hebt über alle Verwüstung das goldglänzende Marienbild. Auch von der halbausgebrannten Festung glänzt das Marienbild. Und von den zerborstenen Fassaden der Häuser grüßen die Marienbilder.

Pfarrer Josef Hastler
Randersacker

»... nur am Rande miterlebt«

22. Juli 1944

... In Würzburg fielen Bomben. Mehrere Häuser in der Leisten- und Mergentheimer Straße sind zerstört. Ob's dabei bleibt? – Man gibt sich der festen Hoffnung hin, daß Würzburg im Ganzen nicht zerstört wird. Flugblätter der Alliierten sollen gefunden worden sein: »Würzburg wollen wir schonen, denn da wollen wir wohnen!« Andere berichten, daß vom Käppele aus jeden Abend ein Priester mit dem Allerheiligsten die Stadt segnet. Sie hoffen mit kindlichem Glauben, daß die Gottesmutter vom Käppele aus ihre Stadt schützt...

10. Januar 1945

Ich war in Würzburg und habe mir Ansichtskarten gekauft. Ach, immer diese Angst, ob ich es noch einmal so wiedersehe!? – Ich fühle, wie ich mit dieser Stadt verwachsen bin. Nun habe ich Abschied genommen von Würzburg wie von etwas Lebendem, das ich sehr liebe.

19. Februar 1945

Flieger brausten über uns hinweg. Wir schauen ihnen nach, sie fliegen in Richtung Würzburg. Kurz danach lautes Dröhnen... Und bald berichten Leute, die aus der Stadt kommen: »Das Juliusspital ist getroffen. Echterhaus, Bahnhof, Städtische Sparkasse sind zerstört.
Gertrud erwartet ihr erstes Kind. Wenn doch nur alles gut geht.

9. März 1945

Wieder Bomben auf Würzburg! Heller Feuerschein am Himmel! Ich stürze zum Telefon: »Onkel Gottfried, ist es schlimm? Wo brennt es?« – »Das Franziskanerkloster brennt lichterloh« erhalte ich zur Antwort. »Was sonst zerstört ist, weiß ich noch nicht.« – Gott schütze unsere Stadt!

10. März 1945

Böse Gerüchte gehen um: Am 16. März soll Großangriff auf Würzburg sein. Wo das Gerücht herkommt, weiß ich nicht. – Angst ist in den Menschen. Sie bringen Kleider, Hausrat und andere wertvolle Sachen aufs Land. Viele flüchten jede Nacht mit ihren Habseligkeiten in die umliegenden Weinberge oder ins Steinbachtal. – Wie lange sollen sie diese Ängste noch ertragen müssen?

17. März 1945

Noch kann ich nicht fassen, was geschah. Immer wieder versuche ich mir einzureden, ich hätte das Entsetzliche nur geträumt, – reibe mir die Augen und versuche zu erwachen. Und immer wieder muß ich mir sagen, daß es kein böser Traum war, sondern grausame Wirklichkeit ist. Würzburg, die Stadt Dill Riemenschneiders und Walthers von der Vogelweide, die Stadt Balthasar Neumanns und Julius Echters – gestern noch im Wesentlichen unzerstört, ist heute ein rauchender Trümmerhaufen.

Wie war das nur heute nacht? Wir saßen um den Rundfunk und hörten Meldungen. Da schaltete sich die Würzburger Warnzentrale ein... Ich gehe vor die Tür. Über mir ein Rollen und Donnern, das immer stärker anschwillt. Da – die ersten Leuchtkugeln und »Christbäume« über Würzburg! Gott sei uns gnädig!

Wir bringen unsere notwendigsten Habseligkeiten in den Keller von Sauers. Da beginnt schon das mörderische Bombardement. Wir beten laut, Männer, Frauen und Kinder beten für die Opfer dieser Stunde. – Das Haus erzittert in den Grundfesten – hier, 10 Kilometer von der Unglücksstätte entfernt.

Dann hält es mich nicht mehr im Keller. Frau Sch. geht mit mir. Draußen ist es taghell, blutrot der Himmel, blutrote Rauchschwaden über Würzburg! Wir steigen auf eine Anhöhe. Vor uns, wenige Kilometer entfernt, Würzburg in seinem Todeskampf. Mir ist, als sei es ein lebendes, geliebtes Wesen, dessen Martyrium ich ohnmächtig zuschauen muß.

Ich zittere am ganzen Körper. Und die Erde unter unseren Füßen zittert von der Explosion der Bomben... Ein Orkan erhebt sich, peitscht das Flammenmeer durcheinander. Himmelhoch steigen die Rauchschwaden. Und Würzburg brennt... und brennt...

Da kommen Menschen aus dem Inferno – halb irr, Entsetzen in weit aufgerissenen Augen. Es wird Morgen. Immer mehr Menschen aus Würzburg strömen ins Dorf. Die Schulsäle, Gasthäuser und Privathäuser füllen sich mit Flüchtlingen. Viele haben nichts gerettet als was sie am Leibe tragen.

Im Nachbarhaus ist seit einigen Wochen eine junge Frau, eine Ukrainerin, deren Mann in Würzburg arbeitet. Sie jammert und fragt die aus der Stadt Kommenden nach ihrem Mann. Heute nachmittag kamen Ukrainer zu ihr und brachten ihr ein Bündel. Sie öffnete es – drinnen war ein verkohlter Klumpen Fleisch, die Überreste ihres Mannes. Wie eine halb Irre wirft sich die Frau darüber. Der Ortsgruppenleiter geht vorbei, sieht die weinende Frau im Hof und fragt, warum sie so »plärre«. Man sagt ihm, daß man ihr soeben die verkohlten Überreste ihres Mannes gebracht habe. Er brummt etwas Unverständliches und geht weiter. Die arme Frau weinte herzzerreißend.

Die Ankommenden sagen, in Würzburg stünde kein ganzes Haus mehr. Ich kann das nicht glauben und frage immer wieder. Ein Mann erklärt mir: »Ich bin von Heidingsfeld bis hierher gelaufen. Ich habe kein ganzes Haus mehr gesehen.«

Das Land ist übersät mit verkohltem Papier und Holzstücken, die der Sturm in alle Himmelsrichtungen zerstreut hat. Sollen das die letzten Reste der einstigen Schönheit Würzburgs sein? Ich muß mich überzeugen, sobald es geht.

20. März 1945

Frau F., die mit ihrer kleinen Christel zu meiner Tante geflohen ist, suchte ihre Mutter. Sie war, als der Angriff kam, gerade bei Verwandten. Der Keller dort ist verschüttet. Man gräbt und gräbt... Und plötzlich sieht Frau F. die Schuhe ihrer Mutter aus dem Schutt ragen. Man legt eine unkenntliche Leiche frei. Frau F. sagt, es sei ihre Mutter.

28. April 1945

Die Front ist über Würzburg hinweggerollt. Das Ausgehverbot ist aufgehoben. Es hält

mich nichts... ich muß Würzburg sehen. Ein Pferdefuhrwerk, das die gleiche Strecke fährt, nimmt mich mit.
Ein strahlender Frühlingsmorgen um uns! Blauer Himmel, ziehende Wolken und Lerchentriller. Wilde, blühende Kirschen, Schlüsselblumen und Veilchen am Wegrand.... Doch wir fahren dem Grauen des Todes entgegen. Auf der Höhe des Grainberges halten wir an. Brandgeruch schlägt uns entgegen. Rauchgeschwärzt liegen unter uns die Ruinen der Stadt gleich Totengerippen.
Und dann bin ich dort, gehe durch die Semmelstraße, klettere über Schuttberge gegen die ausgeglühte Kuppel von Stift Haug zu. Am zerstörten Juliusspital vorübergehend, entdekke ich im Ruinengewirr der »Pleich« die völlig ausgebrannte Kirche St. Gertraud. Dann sehe ich zwischen den Trümmern den unzerstörten Turm der Marienkapelle aufragen. Auf ihn steuere ich zu, vorbei an der ausgebrannten Augustinerkirche und dem zerschundenen Falkenhaus. — Ich komme ans Frankenheiligtum Neumünster. Es ist ausgebrannt! Die Türme: abgeknickt! Die Heiligen der Alten Mainbrücke: verstümmelt! — Durch das Ruinenfeld der Domstraße zurückgehend, komme ich nochmals an den Dom. Erschütternd ist es, wie die zwei Säulen des Hochaltars in den leeren Raum ragen. Die Steinfiguren vom »Tod Mariens« sind verstümmelt. Rechts davon entdecke ich in einer Turmkammer, deren Türe offen steht, die überlebensgroße Statue des hl. Johannes, die dort geborgen war. Wie durch ein Wunder ist sie der Zerstörung entgangen. Über Schutt und Geröll steigend komme ich dann ans Franziskanerkloster. Inmitten der Kirche gähnt ein Kraterloch. Die Kirche mutet an wie ein großer Steinbruch. Menschliche Knochen — wahrscheinlich aus den Gräbern der Kirche — bleichen in der Sonne. —
Dann suche ich, über Schuttberge kletternd, das Haus, wo Dill Riemenschneider seine unsterblichen Werke schuf. An der halb zerfallenen Mauer lese ich noch »Riemenschneiderhof«. Das Haus ist in Trümmer gesunken samt der Tafel, die das Andenken des großen Meisters nicht anders wach zu halten wußte als mit der Feststellung, daß er hier »gräulich gesaufet« habe. —
Dann stehe ich vor der Residenz. Leere, rauchgeschwärzte Fensterhöhlen gähnen mich an. Verklungen ist die Melodie des Barock. Nur Tiepolos Deckengemälde leuchtet in alter Farbenpracht durch die unteren Fensterhöhlen. Auch die Hofkirche ist unzerstört.
Es tut gut durch den Hofgarten zu gehen und das Leben zu spüren, das hier, trotz Tod und Vernichtung, ringsum tausend- und millionenfach ans Licht drängt. Wird auch Würzburg jemals wieder Auferstehung feiern? Wo sind die Menschen, »Wanderer zwischen zwei Welten«, die Natur und Übernatur zu wundervoller Harmonie vereinigen und aus diesem Geiste heraus ein Neues formen werden, das dem Alten, Versunkenen ebenbürtig ist. Wo sind heute Menschen, die solches vermögen?
Unter diesen Gedanken gelange ich, an der ausgebrannten Universität vorbei, in die Sanderstraße. Ich will das Haus von Bekannten in der Rosengasse suchen, treffe aber nur Trümmer an. — In einem verwüsteten Garten haust in einem Bretterverschlag ein junges Mädchen mit seinem Bruder. Es sind die ersten Menschen, die ich in den Trümmern treffe. Nach fünfstündigem Klettern über Schutthalden und durch Ruinenfelder. Nur Raben fliegen krächzend über die Trümmer. Mit Schaudern werde ich gewahr, daß die Stadt noch heute, sechs Wochen nach dem Angriff, brennt.
Aus Trümmern, aus Kellern steigt noch Rauch. Nochmals treffe ich Menschen. Sie graben an einem verschütteten Keller. Zwölf Menschen sollen hier unter den Trümmern liegen.
Zuletzt gehe ich an das Haus von Dr. D. Vor sechs Jahren war er durch die Bosheit eines Menschen ins KZ gekommen. Wo sein Haus stand, finde ich einen Trümmerhaufen. — Und dann habe ich Dr. D. selbst gesprochen. Ich war erschüttert darüber, was diese sechs Jahre körperlich aus diesem Mann gemacht haben. Sein Geist ist scharf und ungebrochen. Ganz schlicht und ohne zu jammern, ohne Phrasen sagte er mir, daß er, als er aus dem KZ kam, nur noch sein zerstörtes Haus vorfand und un-

ter den Trümmern lagen seine Frau, seine Kinder und seine Enkel — tot.[1] Er sagte, daß er zu dem Mann gegangen sei, der ihn ins KZ gebracht habe und der jetzt todkrank ist und ihm gesagt habe: »Ich verzeihe Dir! Schau, daß auch Dir der Herrgott verzeiht! Kehr zurück!« »Ob er's getan hat, weiß ich nicht« sagte Dr. D. »Er ist gestorben, kurz danach.«
Ich bin still geworden vor der Größe dieses Mannes, der so ruhig und leidenschaftslos sprach. Am meisten bewundere ich die Energie, mit der er jetzt wieder ans Werk geht um seinen Beruf auszuüben. Er trägt die stille Abgeklärtheit überstandenen Leides. Deshalb wird er noch vielen Menschen helfen können.
So sah ich Dich, meine geliebte Stadt, wieder. Ich wollte mir nichts ersparen, wollte die Erschütterung und das Grauen durchkosten, das mir dein Anblick bot. Und noch einmal taucht die Frage auf: Wer wird Würzburg wieder aufbauen? Wird es so aufgebaut, daß es der versunkenen Stadt ebenbürtig sein wird? Und werden wir mit dem wieder erstandenen Würzburg eine neue, bessere (?) Zeit erleben? Es kommt mir zutiefst zum Bewußtsein, daß es auf die Gesinnung der Menschen ankommt, die das Neue schaffen. Wird unser Volk an dieser furchtbaren Katastrophe zugrundegehen oder wird sie ihm Aufruf sein zur Besinnung und Erkenntnis?

10. August 1945

Durch Zufall erhielt ich Nachricht über das tragische Schicksal von Gertrud. Sie schenkte kurz vor der Unglücksnacht einem Knaben das Leben. Sie selbst starb daran. In der Nacht, als Würzburg versank, lag sie auf dem Totenbett. Als das Feuer auch auf das Haus und auf den Raum überzugreifen drohte, wo sie aufgebahrt lag, hielt es ihren Mann nicht mehr im Keller. Seine Gertrud sollte auch im Tode nicht ein Raub der Flammen werden. Er stürmte hinaus, riß sie an sich und rannte wie ein Irrer durch die brennende Stadt auf den Friedhof. Dort bettete er sie in die Erde.

20. Februar 1946

Heute war eine Sturmnacht, wie schon lange nicht mehr. Ich konnte nicht schlafen, so heulte und bellte der Sturm ums Haus. Früh kamen Leute aus Würzburg und erzählten, der Dom sei vollends eingestürzt und das neu aufgesetzte Dach sei mit in die Tiefe gerissen. Es wird mir unheimlich. Wie konnte das geschehen?

10. März 1946

G. und ich waren im Dom. Der Zutritt ist zwar verboten, aber durch den Bruderhof und Kreuzgang gelangten wir doch ins Innere. Schwer hallen unsere Schritte durch den zerstörten Raum und schrecken Vögel auf, die nun ängstlich über uns hinflattern. Vor uns ein Bild der Verwüstung! Die Säulen auf der einen Seite sind verschwunden. Sie bilden zusammen mit dem zusammengestürzten Dach im Schiff einen einzigen Trümmerhaufen.
Ich muß an das Christuswort denken: »Wenn ihr den Greuel der Verwüstung an heiliger Stätte seht...«. Ist nicht auch sonst »Greuel der Verwüstung«, — nicht nur hier, wo er sichtbar und mit Händen greifbar ist? ... Ist nicht diese sichtbare, äußere Verwüstung an den Menschenseelen, auch an heiliger Stätte? Sollten wirklich die Tage gekommen sein? Das Grauen packt mich.

Hildegard Dülk
Unterpleichfeld

1 s. Weismantel, S. 24 und Klemmert, S. 43

Ein Dichter als Zeuge

1. Die Augenzeugenberichte

Leo Weismantel schrieb die TOTENKLAGE ÜBER EINE STADT im Frühsommer 1947. Nach einem Manuskriptvermerk war die Arbeit am 27. Juli in der hier vorgelegten Form beendet. Leicht gekürzt erschien sie im folgenden Jahr im ersten Heft der Merian-Monographienreihe »Würzburg«[1], dort charakterisiert als »reines Zeugnis für die Haltung, in der die religiös gestimmte Seele Mainfrankens die Heimsuchung ihres Kleinods, der festlichen, kirchenreichen Stadt am Strom, hingenommen hat« und als Beitrag »zur inneren Dokumentation der Zeit«.

Der Dichter selbst faßte sie zunächst nur als Vorstudie zu einem breiter angelegten Werk auf. Er bat daher die Würzburger Bevölkerung in der Tageszeitung »Main-Post« am 5. September 1947 ihm Briefe, Tagebuchblätter und Aufzeichnungen aus den Tagen der Zerstörung der Stadt zu überlassen. Er bedürfe solcher Niederschriften als Dokumente für eine beabsichtigte »Chronik des Unterganges«.

Über die Reaktion auf diese Zeitungsnotiz läßt sich nach 38 Jahren nichts mehr sagen. Die Menschen lebten damals noch in Kellern oder improvisierten Unterkünften zwischen den Ruinen. Ihre Kräfte waren auf die Befriedigung der elementarsten Lebensbedürfnisse gerichtet, Papier war rar, wie die eng beschriebenen Seiten einiger Berichte zeigen und manche Nebenbemerkung verweist auf die Schwierigkeiten, die unter Umständen die Abfassung eines solchen Berichtes verhindern konnten... etwa die Entschuldigung wegen eines defekten Füllfederhalters. Erhalten blieben 21 Briefe, Tagebuchauszüge und Berichte — insgesamt 350 Manuskriptseiten[2]. Daraus wird hier eine »Auswahl« vorgelegt. Sie ist weder nach inhaltlichen noch nach anderen sach-objektiven Kriterien zusammengestellt, sondern eher zufällig entstanden; denn nur jene Niederschriften kamen für einen Nachdruck in Betracht, bei denen die Druckgenehmigung entweder des Verfassers oder seines Rechtsnachfolgers eingeholt werden konnte. Es war nicht immer einfach, die betreffenden Personen nach so langer Zeit ausfindig zu machen und leider gelang es auch nicht in allen Fällen. — Die Texte wurden kaum überarbeitet, ausgenommen einige Kürzungen aus redaktionellen Gründen[1].

Der Leser dieser Niederschriften sollte von ihnen nichts erwarten, was sie nicht geben können: etwa neue Einsichten in den Ablauf der Todesnacht. Die darauf bezüglichen Daten sind längst gesichert[2]. Er sollte auch nicht die Hoffnung hegen, hier sprachlich besonders gelungene Texte von literarischem Anspruch oder unbekannt gebliebene sensationelle Einzelheiten inhaltlicher Art zu erfahren.

Die veröffentlichten Erlebnisberichte sind weder Geschichtsbeschreibung noch Literatur noch Sensation. Sie sind einfache Jedermann-Aussagen, niedergeschrieben von Frauen und Männern, von jungen und alten Menschen aller Bildungsschichten. Es schreiben eine Hausfrau, ein Schüler, ein Zahnarzt, ein Arbeiter, ein Sanitätssoldat, eine Lehrerin und andere. Sie schreiben ohne jeden Anspruch schlicht nieder, was sie erlebt haben. Des einen Sprache fließt spröde und schwerfällig, die des anderen leicht und geschmeidig. Hinter ihnen stehen Tausende, die gleiches und doch immer wieder anderes erlebt haben. Wenn sie berichten wollten, schrieben sie ähnlich.

Unsere Augenzeugenberichte sind nur mehr oder weniger zufällig erhalten gebliebene Einzelaussagen von Überlebenden. Man wird ihnen nur dann gerecht, wenn man sich darauf beschränkt, nach dem Erleben zu fragen, das

1 »Merian« — Städte und Landschaften, 1. Heft: Würzburg, Hamburg 1948

2 Findbuch des literarischen Nachlasses Leo Weismantel — Schriftenreihe der Literatur-Archive, Heft 12 —
Herausgeber: Akademie der Künste der DDR — Berlin 1981, Nr. 408—410

1 Durch »...« gekennzeichnet.

2 Max Domarus, Der Untergang des alten Würzburg im Luftkrieg gegen die deutschen Großstädte, Würzburg 1982

hinter ihren Worten steht. Was hat eine Mutter durchgemacht, wenn sie zum Tod ihrer 21jährigen Tochter nur noch die Worte findet: »... da stürzte eine Vorderseite ein und traf meine Tochter Paula S. tödlich. Sie war noch so jung...«!

Wer diesen Satz ... und die anderen ähnlichen, recht zu lesen vermag, dem wird bestürzend deutlich: Kaum vorstellbar ist die Dimension des Geschehens. So viele Menschen — so viele Schreckensnächte. Bei aller Gemeinsamkeit ihres Schicksals erfuhr jeder einzelne Bürger der Stadt Würzburg eine andere Variante der Vernichtung — je nach dem, wo er sich in dieser Nacht befand — je nach dem, welche Station seines Lebens er an diesem 16. März gerade erreicht hatte.

Der jüngste Schreiber war damals 15 Jahre alt. Im Herbst 1944 mit 14 Jahren zum Westwall abkommandiert, liegt er im März 1945 — infolge körperlicher Überbelastung schwer erkrankt — in einem Krankenhaus. Die Nacht des Großangriffes erwartet von ihm den vollen Einsatz für das Leben von zirka hundert jüngeren, kranken — teils lebensbedrohend erkrankten — Kindern. Zusammen mit wenigen Krankenschwestern versorgt er sie während des Angriffes und rettet sie über die Nacht hinweg.

Einer der ältesten Augenzeugen dagegen feiert am 16.März 1945 seinen 70. Geburtstag. Die letzten Gäste haben eben das Haus verlassen, als der Angriff einsetzt. Der 70. Geburtstag bedeutet für ihn den Abschied von allem, was er sich in seinem langen Leben erarbeitet und aufgebaut hat.

Insgesamt gesehen machen diese Berichte erkennbar, welche dem menschlichen Geist kaum vorstellbaren Formen der Vernichtung jene Nacht für Würzburgs Bürger bereit hielt. Dies ist der Kern ihrer Aussage. Er wiegt schwer genug in einer Zeit, in der sich immer noch — oder wieder — die Wolken der Vergangenheit am Horizont abzeichnen.

*

Gemeinsam ist allen Schreibern die Erfahrung des engen Nebeneinander von Leben und Tod. Sie erkennen das Walten einer geistigen Kraft, die stärker ist, als alle Kräfte, die ihr bisheriges Leben bestimmten. Wie immer sie von den einzelnen begriffen wird: das Erleben hat religiösen Charakter. Es führt den ausgelieferten Menschen zurück an die Grundlage seiner Existenz.

Dadurch sind die »Zeugen« über das inhaltlich-stoffliche Moment hinaus dem Autor der TOTENKLAGE *unmittelbar verbunden. Auch er stellt in Verbindung mit dem Geschehen des 16. März 1945 die Sinnfrage* WARUM *und* WOZU *und begnügt sich nicht mit der Schilderung äußerer Vorgänge. Das Geschehen wird ihm zum Anlaß einer Auseinandersetzung mit dem Schöpfer. Hier steht er in deutlichem Gegensatz zu der folgenden Schriftstellergeneration, die sich »in ein Sich-Versagen hineingetrieben« fühlt. »Man kann Gott nicht mehr benennen« sagt Peter Härtling stellvertretend für viele[1].*

Anders Leo Weismantel: Er stellt den Schöpfer, rechtet mit ihm, zieht ihn zur Rechenschaft:

»HÖRT WIE ICH BEGANN MIT GOTT ZU HADERN ÜBER DEN LEICHENFELDERN DER ERSCHLAGENEN STADT... UND DU SCHWEIGST; BIST STILLE UND LÄSST ES GESCHEHEN!«

Er wagt es die Frage nach dem Sinn eines Geschehens zu stellen, das aus der Sicht des Menschen ach so sinnlos erscheint.

*

Im Vergleich der Augenzeugenberichte mit der Dichtung fällt auch auf, daß diese alle Aspekte berührt, die dort angesprochen werden — obwohl die Berichte zum weitaus größten Teil noch gar nicht vorlagen, als die Dichtung entstand. Die gleichen Gedanken — die gleichen Empfindungen. In der Stimme des Dichters ge-

1 Heinz Josef Herbort, Nur ein kleines Vielleicht? Bericht über ein Symposion über »Theologie und Literatur« in Tübingen in DIE ZEIT 8. Juni 1984

hen die Stimme derer auf, die jene Nacht erlebt haben. Die Dichtung ist wie ein Kristallisationspunkt, in dem alles zusammenläuft. Sie ist die Stelle in der erlebte Realität vergeistigt und für alle in ihrem Erlebnischarakter zugänglich, das heißt objektiviert wird.

Gleichermaßen finden sich in den Berichten wie in der Dichtung Aussagen über das alte Würzburg, seine Atmosphäre, seine Schönheiten. Da stehen Erinnerungen an die Jahre der Naziherrrschaft neben Hinweisen auf die der Katastrophe unmittelbar vorausgegangenen Wochen und Monate, in denen die Würzburger in törichter Zuversicht und in kindlich-naiver Gläubigkeit auf himmlische Hilfe annahmen, daß gerade sie vom großen Sterben ausgenommen sein würden. Wir lesen von der Schönheit des Schreckens, die von den feindlichen Flugzeuggeschwadern ausging, wenn sie an sonnigen Tagen die Stadt überflogen und mit der selbst der Brand der Zerstörung und Vernichtung noch die Geschlagenen zu bannen vermochte. Da ist auch die Rede von der Anmutung jenes Vorfrühlingstages, der neues Leben ahnen ließ und den Tod brachte.

Dies alles, empfunden von vielen und von ihnen in immer anderen Worten ausgesprochen, ist in Leo Weismantels TOTENKLAGE ÜBER EINE STADT *zum* EIN-*Klang gebracht. Hier klingt an, was alle bewegte, was alle dachten. Daher ist sie Volksdichtung im besten Sinne und gleichzeitig auch »ein Beitrag zur inneren Dokumentation der Zeit«.*

2. Die Liebe zu Würzburg

Leo Weismantel (1888–1964) stammte aus Obersinn in der unterfränkischen Rhön. Er war seiner Herkunft nach also kein Würzburger, obwohl er heute oft als »Würzburger Dichter« gesehen wird.

Diese Zuordnung ist auch keineswegs falsch; denn im Guten wie im Schlechten fühlte er sich der Stadt – »seiner Stadt« – von Kindheit an eng verbunden. Er schrieb manche Betrachtung, manchen Aufsatz, die hier ihren Ausgang nahmen – die Stadt ist Ort der Handlung in einer ganzen Zahl der verschiedenartigsten dichterischen Arbeiten: Der Totentanz 1921 – Der Pauker von Niklashausen – Dill Riemenschneider – Das Totenliebespaar und andere. Wo er – insbesondere nach 1945 – an dieser Stadt Kritik übte, war es eine Kritik, die der Liebe, der Sorge und der Zuwendung entsprang und dem Gefühl der Mitverantwortung, wenn es galt Weichen in die Zukunft zu stellen.

Es begann mit den Erzählungen der Mutter über eine ferne Stadt, die nur betreten dürfe, wer reinen Herzens sei. Oft hat der herangewachsene Sohn dieses Motiv in seinen Dichtungen verarbeitet. Auch in der Totenklage taucht es auf. Die Überlieferung, die ihm die Mutter mitgab, ist in seinem Denken so stark verwurzelt, daß sie für alles steht, was er sich von dieser Stadt erhofft: Würzburg, »eine Art ›civitas dei‹«[1].

Der kindlichen Sehnsucht folgen die Jahre der Erfüllung. In Würzburg (und in unmittelbarer Umgebung) lebt er als Student, als geachteter Bürger und gefeierter Künstler – später als geächteter und verfolgter Gegner des Naziregimes. Der 75jährige erinnert sich:[2].

»Würzburg war eine traumhaft schöne Stadt, – ich lernte ihre Wunder und ihre Tiefen in vielen Jahren meines Lebens kennen. Ich kam im Herbst 1908 dort an, – ich verließ es nach der Bombenkatastrophe vom 16. März 1945 als ›ausgebombter‹ Flüchtling in zerrissenem Wettermantel und mit einem Sack über der Schulter wie ein Landstreicher, der seine ganze Habe bei sich trägt.

Es ist anders, wenn ich heute – im Sommer 1963 – nach 55 Jahren wieder durch die Stadt wandere.

Zum Teil sind noch die alten Stätten da: die Feste Marienberg, – zerschlagen und neu aufgebaut, – die Residenz, ihrer größten Kunstwerke beraubt, – das alte für einen Bischof mit sündhaftem Prunk aufgebaute ›schönste

---

1 Leo Weismantel, Lebenserinnerungen, Frankfurt 1973, S. 212

2 ebd. S. 212 ff. – Textwiedergabe leicht gekürzt

Pfarrhaus Europas‹, wie Napoleon sie genannt hatte, — die ›neue‹ und die ›alte‹ Universität, — und das Juliusspital.
Verschwunden ist das Theater, in dem ich große Stunden erlebt habe, — das Erleben von 55 Jahren wandert mit. Da liegt noch der Hofgarten, den Max Dauthendey in Dichterträumen besungen hat, — dort bin ich noch mit Elis spazieren gegangen, ehe sie eine Tücke von meiner Seite gerissen hat, — dort im Juliusspital, ganz oben in einer Kammer, lag ich einmal fiebernd zwischen Leben und Tod! — Dort in der ›Harmonie‹, einem Konzert- und Vortragsgebäude, 1963 noch eine Ruine des zweiten Weltkrieges, rebellierten die Studenten von 1919 unter meiner Führung und der meines Freundes Eugen Rosenstock gegen die überalterten Lehrformen der Universität, — dort liegt immer noch das Grabmal Walthers von der Vogelweide — und dort stand einmal das Haus Dill Riemenschneiders. Keine Spur blieb von ihm! Dort in jenem Haus begegnete ich jener Studentin, die meine Lebenskameradin wurde, — dort, in jener Klinik, wurde unser erstes Kind geboren, — dort gingen mir die Augen auf über die Hoffnungslosigkeit unseres Schulwesens, — dort feierte ich die ersten Triumphe als Bühnenautor, — dort ging ich als Geächteter des Naziregimes, — dort studierten ›Freunde‹ in jenen Jahren die Schaufenster, wenn sie mich die Straße hinabkommen sahen, — dort lag ich in der Gefängniszelle, dort rettete mich ein Gestapoarzt in letzter Stunde —.
Was ist nicht alles in 55 Jahren über diese Stadt gegangen! Als ich hierherkam, sah ich lebenshungrige Studenten — liebenswürdige junge Mädchen, — besorgte Eltern. Was ging an düsteren Gestalten und Ereignissen inzwischen durch diese Stadt, deren Gassen und Straßen sich mit unheimlichen Gespenstern füllten. Sie hat, als sie damit begann, nie aufgehört, Abgründiges zu gebären.
Sie hat nie zurückgefunden in den Frieden! Hinter ihr liegt die Nacht des Grauens vom 16. März 1945, — was liegt vor ihr? Es liegt Dunkel über ihrem Schicksal, wie über ganz Deutschland.
Gott gebe den guten Geistern, wo solche in ihr wirken, die Erkenntnis, den Weg zu finden, der aus dieser Finsternis führt, die uns heute, 1963, noch umfängt.«
Seine Liebe zu Würzburg ist gewiß die erste und tiefste der Quellen, aus denen Leo Weismantels TOTENKLAGE *fließt. Dem liebenden Sohne wird die zerstörte Stadt zur »ermordeten Mutter«, an deren Bahre er sein Klagelied singt, das mit einem Lobpreis ihrer früheren Schönheit einsetzt:*
WÜRZBURG, DIE LIEBLICHE STADT.

3. Die Kraft der dichterischen Schau

In der Nacht des 16. März war Leo Weismantel nicht in Würzburg anwesend. Er lebte damals in seinem Heimatdorf, 60 Kilometer nördlich der Stadt. Dorthin hatte er sich im Herbst 1944 zurückgezogen nach der Entlassung aus Gestapohaft und einem schweren gesundheitlichen Zusammenbruch. Im Frühjahr 1945 erschien es wie eine glückliche Fügung, daß er — um weiteren politischen Verfolgungen zu entgehen — die Stadt rechtzeitig verlassen hatte und dadurch während der letzten Kriegsmonate in Abgeschiedenheit und relativer Ruhe seiner Genesung entgegen leben konnte.
Als die Nachricht vom Großangriff auf Würzburg das Dorf erreichte, machte er sich sofort auf den Weg in die Stadt, um dort nach seiner zurückgelassenen Wohnung zu sehen. Er erreichte das noch rauchende Würzburg drei Tage nach dem Angriff, fand seine Wohnung vernichtet und nahm während der ein oder zwei Tage, die er in Würzburg verbrachte, das Bild der Zerstörung in eigener Wahrnehmung in sich auf.
In der Schilderung der eigentlichen Angriffsnacht war er also auf die Erzählung anderer und auf seine eigene Vorstellungsfähigkeit angewiesen. Nur drei Niederschriften von »Augenzeugen« lagen damals schon vor. Sie sind in die Totenklage eingegangen und dort leicht zu erkennen: »Der Mann auf dem Nikolausberg« — »Dies ist die Nacht!« — »Die Hand

Gottes hat mich berührt!« Alle anderen Berichte sind späteren Datums, obwohl sie inhaltlich oft mit entsprechenden Teilen der Totenklage übereinstimmen.
Damit aus einem relativ dürftigen Quellenmaterial, das zumeist nur über vereinzelt nebeneinander stehende Begebenheiten berichtet, eine Dichtung als in sich geschlossene Einheit entstehen kann, muß der Schreibende Fehlendes ergänzen und Isoliertes verbinden. In einem Akt, den wir mit dem Charakteristikum »schöpferisch« belegen, werden Geschehnisse, Wahrnehmungen und Gedanken in eine neue Form gegossen. Lediglich die Forderung nach Wahrung der inneren Wahrhaftigkeit setzen dem Einbildungsvermögen Grenzen.

*

Im Alltag sagen wir, wenn einer etwas erzählt, das nicht unmittelbar erlebt wurde, es sei er-»dacht« oder er-»dichtet«. Damit soll gesagt werden, daß der Erzähler die von ihm berichtete Begebenheit auf gedanklicher Grundlage aufgebaut habe in Entsprechung zu anderen, ähnlichen Fällen. Er habe sozusagen ein »Als-ob« oder ein »So-hätte-es-sein-können« an die Stelle der Wirklichkeit gesetzt.
So mag es in bestimmten Fällen schriftstellerischer Arbeit auch wirklich sein. Für die Beschreibung schöpferisch-kreativer Vorgänge reicht diese Vorstellung aber nicht aus. Seit langem schon hat die Psychologie nachgewiesen, daß bei jedem schöpferischen Akt das Unbewußte des schaffenden Menschen maßgeblich beteiligt ist. Aus dem Unterbewußtsein aufsteigende Inhalte, Symbole und Vorstellungen werden aber nicht er-»dacht«. Sie werden er-»schaut«. Dichtung lebt aus dem Bilde, nicht aus dem Gedanken.
Bildhaftigkeit und Schau, Arbeit aus dem Unbewußten sind bei Leo Weismantel von früher Kindheit an stark ausgeprägt. »Immer sah ich Bilder« und »Irgendwo wuchsen Augen in mir, die sehr ferne Bilder sahen!« schreibt er in den »Lebenserinnerungen«[1], »dort lag ich oft mit geschlossenen Augen, die Bilder zu sehen, die Du mir zeigtest, und welche die Menschen dann Dichtungen nennen« heißt es in der »Totenklage«.
Viele seiner Dichtungen basieren auf dieser Anlage. Insbesondere die TOTENKLAGE *trägt starke Züge eines aus visionär-mystischer Einstellung heraus entstandenen Werkes. Ihre leidenschaftliche, bilderreiche und an biblische Texte erinnernde Sprache steigt auf aus der tiefen Versenkung des Sprechenden in die Mitte seines Ich. Die Bindung an die göttliche Kraft — die Liebe zur untergegangenen Stadt und das Leid über das Schicksal der Menschheit sind die für ihn entscheidenden Antriebskräfte zur Aktivierung der Kraft des Unbewußten.*

Schreiben aus kontemplativer Haltung heraus kann zwangshafte Züge annehmen. Bei einem Stoff wie dem vorliegenden ist die Arbeit voller Qual. Denn der Dichter erlebt in dieser seelischen Einstellung ebenso unmittelbar wie der Augenzeuge das Geschehen. Aber im Gegensatz zu diesem, der an einen Ort gebunden ist, erlebt er es übergreifend. Die Wirklichkeit begegnet ihm in ihrer ganzen, grausamen Totalität.
Es sind also jene Stellen, in denen der Dichter davon spricht, was er sieht und erlebt, keineswegs ersonnene Stilmittel. Sie beschreiben seine subjektive Befindlichkeit im Moment der Gestaltgebung:

»ICH SCHLAGE DIE HÄNDE VOR MEINE AUGEN, DAS SATANISCHE GESCHEHEN NICHT WEITER ZU SCHAUEN — DU ABER BEFIEHLST MIR ZU SEHEN!«

4. Apokalyptische Denkvorstellungen

Die Bildende Kunst und die Literatur der Moderne sind stärker als in den vorausgegangenen Epochen von Werken bestimmt, in denen persönliche und kollektive Gefühle der Angst ausgedrückt werden, — Gedanken an den Untergang allen irdischen Lebens.

1 Weismantel a.a.O. S. 103

Auch Leo Weismantels Vorstellungen waren von früher Kindheit an auf die Vision des Weltendes gerichtet. Hier ist er ganz ein Kind seiner Zeit. In seinen Erinnerungen erzählt er von dem Kinde, das am Morgen, im Feuerschein des Ofens, in einer alten Bibel blättert und lange sinnend vor der Darstellung des Weltgerichtes verweilt. Im Schulkind festigte sich dann der Gedanke, daß sich das »von dannen er kommen wird« des Glaubensbekenntnisses noch zu seinen Lebzeiten erfüllen werde. Er kennt auch den Ort, wo Christus als Weltenrichter die Erde betreten wird: droben bei den »hohen Tannen«, einer Anhöhe östlich über dem Dorfe.

Im Heranwachsenden nimmt der Gedanke neue Gestalt an. Ein einsichtsvoller Lehrer weist den Weg. »Seine Lebensaufgabe könne es sein, einmal als Dichter vom Untergang des christlichen Abendlandes zu berichten... ... Er werde Zeuge dieses Geschehens und vielleicht bestimmt sein, das Schreckliche zu sehen, was dann geschehen werde.«[1] *Aus der gleichen Lebensphase berichtet er, von Träumen, in denen er, der damals oft schwer erkrankt lag, den Himmel mit einer blutenden Wunde sah. »Ohne Unterlaß floß daraus das Blut wie Regen auf die Erde.«*[2]

Im Gesamtwerk Leo Weismantels nehmen die in den Tiefenschichten seiner Seele verwurzelten apokalyptischen Vorstellungen mannigfache Gestalt an. Seine Dichtung, seine Pädagogik und seine verschiedenen kulturpolitischen Bemühungen gewinnen von hier aus Inhalt und Richtung.

In diesen Ideenkreis gehört auch die TOTENKLAGE ÜBER EINE STADT. *Sie steht innerhalb des Gesamtwerkes auf einer Linie, die bereits 1918 mit dem Bühnenspiel »Die Reiter der Apokalypse« einsetzt*[3].

Die nachgelassenen Manuskripte zeigen, daß der Stoff der Zerstörung Würzburgs Leo Weismantel intensiv über Jahre hinweg beschäftigt hat. Es finden sich mehrere Versuche, den Stoff in umfassender Weise zu bearbeiten, zuerst im Sinne der eingangs erwähnten »Chronik«. Eine unbekannt gebliebene dramatische Fassung: DER FRANKFURTER JEDERMANN *1948, entstanden etwa ein halbes Jahr nach der Totenklage, ist inhaltlich in breiten Teilen mit dieser identisch. Im Juni 1959 machte sich der 71jährige noch einmal an eine Neubearbeitung dieses Spieles. Die Zerstörung Würzburgs lag nunmehr 14 Jahre zurück...*

Keiner der verschiedenen anderen Ansätze kam zum Abschluß. Warum? Starke berufliche Beanspruchung als Leiter eines pädagogischen Institutes[1] *kann nicht die Ursache gewesen sein; denn in der gleichen Zeit entstanden mehrere Bühnenstücke aus dem Stoffkreis der Passion. Näher liegt die Vermutung, daß der durch den Nazischock wie später durch einen schweren Autounfall (1958) gesundheitlich geschwächte Dichter nicht mehr die Spannkraft aufbringen konnte zu einer letzten Auseinandersetzung mit diesem ihn so direkt berührenden und beklemmenden Stoff, — zumal die Fähigkeit zu jener sich ins visionäre steigernden Form der Konzentration, wie sie vorne beschrieben wurde, nach seinen eigenen Aussagen nach dem Autounfall spürbar schwand. — Man könnte schließlich noch annehmen, daß die Totenklage in der uns vorliegenden Form so in sich abgeschlossen ist, daß alles gesagt ist, was zu sagen ist. Eine breitere Behandlung hätte ihre Aussage kaum mehr gesteigert, eher beeinträchtigt. Es ist denkbar, daß der Autor dies selbst so empfunden hat.*

Wie immer die Ursachen liegen, welche die Vollendung der ursprünglich geplanten umfassenden Darstellung verhindert haben... wie verschiedene Vorstellungen zum Werk einander ablösten, erhellt aus dem Vorwort zu einem späteren Manuskript:

Die erste Fassung des Stoffes trug den Titel

»FEUER VOM HIMMEL FRISST
EINE STADT«

---

1 Weismantel a.a.O. S. 199

2 ebda. S. 202

3 Die Reiter der Apokalypse, Drei Einakter, Würzburg 1919, Uraufführung im März 1919

---

1 1947—1951: Leiter des Pädagogisches Institutes Fulda

Das unter diesem Titel folgende Arbeitskonzept enthält viele Einzelangaben über die Stadt, nennt ihre Straßen, ihre Größe im Sinne der Vorstellung »Chronik«. Von einzelnen Häusern sind sogar die Stockwerke und die Räume aufgeführt und selbst die feindlichen Geschwader, die den Angriff durchgeführt haben, sind notiert.
Dies alles wurde später wieder gestrichen. Gleichzeitig trat an die Stelle des alten Titels ein neuer:

»SIE SPIELTEN MOZARTS
16. SYMPHONIE«
Visionen zum Untergang einer Stadt
16. März 1945

So war von allen historischen Angaben nur das Datum geblieben.
Nicht ohne Grund hat der Autor ein keineswegs dokumentarisch belegtes Schlüsselwort[1] zum Titel der geplanten Arbeit gemacht.

Es war dies:
»Feuer vom Himmel« könne von Gott kommen. Damit gewinne die Zerstörung der Stadt den Charakter eines göttlichen Strafgerichtes. Die viel grauenhaftere zweite Überschrift hingegen lege die Verantwortung für das Geschehen auf den Menschen: »Sie spielten ...« Die Verbindung aber von Mozarts unsterblicher Musik mit der beabsichtigten Zerstörung einer ganzen Stadt in einem militärischen Geheimwort sei ein Zeichen für tiefste Entartung menschlichen Geistes. Sie sage aus, daß der Mensch, der von sich sagt, er sei der »Kindschaft Gottes teilhaftig«, aller Ehrfurcht bar geworden sei. Er schrecke selbst vor dem entsetzlichsten Tun nicht mehr zurück. Rettung sei nur dort zu erwarten, wo der Mensch sich selbst erkenne und sich über sein Tun entsetze. Nur das Entsetzen des Menschen vor sich selbst, vermöge ihn noch zu retten.

1 s. Domarus, S. 100: »unbewiesen, aber nicht unmöglich«

Damit ist das Anliegen »Würzburg« in den Hintergrund getreten. Der Blick geht tiefer. Die Stadt Würzburg ist dichterisches Bild geworden, ... »eine Art civitas dei« hieß es in den Lebenserinnerungen – und die Zerstörung Würzburgs wird zum Bild der Zerstörung des Menschen und menschlicher Kultur schlechthin. Dies gilt es aufzuzeigen. Das Irdische in Raum und Zeit gebundene Geschehen (Geschichte) muß durchscheinend werden, »so daß das Ewige in der Zeit ersichtlich wird« sagt Weismantel einmal[1].
Damit haben wir eine andere Denkebene betreten.
Sie wird auch schon in der ersten Fassung, in der TOTENKLAGE *sichtbar. Unter den Augenzeugenberichten befindet sich der erschütternde Brief eines Vaters über den Tod seiner 15jährigen Tochter Marliese und des russischen Hausmädchens Maria. Er berichtet aus Bonn und nicht aus Würzburg. Zeitpunkt des Geschehens: der 18. Oktober 1944 und nicht der 16. März 1945.*
Wie – warum kommt diese Begebenheit in eine Dichtung, die in Würzburg spielt?
Wäre es beim Chronik-Konzept geblieben, so wäre die Frage berechtigt. Aber offenbar war schon 1947 diese Absicht in den Hintergrund getreten. Schon damals ging es um eine elementarere und grundsätzlichere Auseinandersetzung mit den Entwicklungen, die sich immer deutlicher abzeichneten. Man darf nicht ausschließen, daß die Darstellung des Ideenwandels von der »Chronik« zu »Sie spielten Mozarts 16. Symphonie« im Vorwort einer späteren Fassung des Stoffes überhaupt nur geschrieben wurde, um den Lesern diese tiefere Sicht der Dinge ins Bewußtsein zu heben.
Auf der nun beschrittenen Denkebene werden Namen, Orte und Zeitangaben unwesentlich[2].

1 Leo Weismantel, Mein Leben, Berlin 1936 – S. 6

2 Auch andere historische Abweichungen werden so gesehen unwesentlich, etwa der Umstand, daß in der Nacht des 16. März nach Domarus (S. 106) keine Phosphorbomben abgeworfen wurden.

Sie verschleiern die Wahrheit eher, als sie offen zu legen. Vor der Erkenntnis, daß das gleiche Geschehen nicht nur in Würzburg abrollt... auch in Dresden... auch in Rotterdam... auch in London... auch in Hiroshima entfernt sich das Anliegen »Chronik der Zerstörung Würzburgs«. Das mit Akribie zusammengetragene Tatsachenmaterial aus der Nacht des 16. März behält nur insofern seine Bedeutung, als auch auf dieser grundsätzlichen Denkebene kein falsches Zeugnis gegeben werden darf. Doch im Angesicht der höheren Wahrheit ist es unwichtig, ob Marliese E. in Bonn oder in Würzburg gemordet wurde. Marliese steht stellvertretend für alle, die einen ähnlich qualvollen Tod erleiden mußten.

*

Leo Weismantels TOTENKLAGE ÜBER EINE STADT *ist eine apokalyptische Dichtung. Als solche ist sie eingebettet — wir haben es schon erwähnt — in geistesgeschichtliche und literarhistorische Zusammenhänge unserer Zeit.*
Und doch steht sie außerhalb.
Wenn der heutige Mensch den Begriff »apokalyptisch« gebraucht, denkt er an den Untergang schlechthin, an das absolute Ende, die Voll-Endung. Krieg, Tod und Hunger in Gestalt von Volksepidemien, Umweltkatastrophen, Atomgefahr vernichten die Menschheit, so wie es Dürer auf dem bekannten Blatt »Die apokalyptischen Reiter« seiner Holzschnittfolge dargestellt hat.
In einer Zeit, welche die Existenz Gottes in Frage stellt, mußte wohl in Vergessenheit geraten, daß nur drei der vier apokalyptischen Reiter Verderben tragen: Krieg — Hunger — Tod. Noch vor ihnen, bei der Öffnung des ersten Siegels, erscheint der weiße Reiter mit dem Siegeskranz. »Er ist Symbol des für alle Zeiten... gültigen göttlichen Prinzips des absolut Guten und Vollkommenen«. Als das große Weltenspiel zu Ende ist, erscheint er ein zweites Mal. »Jetzt ist es die höchste Erscheinung des absolut Guten, — Gott selbst — es ist Christus.«[1] Die Apokalypse endet nicht mit dem Weltenende schlechthin. Sie schließt mit der Verheißung des himmlischen Jerusalem, — mit der Verheißung einer anderen Welt.
Der Dichter der TOTENKLAGE *hatte dies nicht vergessen. Bei aller Erschütterung, die er durchleiden mußte, hat er die Existenz Gottes an keiner Stelle auch nur in Frage gestellt. Wer hadert, wer anklagt, wer rechtet — er spricht immer einen Partner an. Er mag mit ihm zerfallen sein, mag ihn nicht begreifen: der Partner bleibt. Die* TOTENKLAGE *ist ein Gespräch mit Gott. Dieses Gespräch setzt die Anwesenheit Gottes voraus.*
Und auch die Anklage fällt schließlich in sich zusammen. Wie kann Gott anklagen, wer erkannt hat, daß das was geschehen ist, dem entmenschlichten Denken des Menschen selbst entsprungen ist, aber nicht dem Willen des Schöpfers. Gewiß: Gott hat zugelassen. Aber ist dem Menschen, eben weil er eine Sonderstellung in der Schöpfung einnimmt, weil er in der Kindschaft Gottes steht, nicht die Freiheit der Entscheidung gegeben?
So kommen Anklage, Klage und Hader zum Verstummen. Als der Dichter mit seinem Bettelsack und darin zwei Leuchtern auf dem Wege nach Hause ist und ihm eine mitleidige Hand ein Stück trockenen Brotes und einen Schluck warmer Kaffeebrühe reicht, geschieht es:

»ICH LÄCHLE UND HADERE ZUM ERSTEN MALE NICHT MEHR MIT DIR.«

Der letzte Satz der Dichtung aber heißt:

»WIR WERDEN WEITERLEBEN.«

Damit endet die TOTENKLAGE ÜBER EINE STADT *in der Hoffnung auf ein neues Leben ganz im Sinne der Offenbarung. Tod und Leben liegen nahe beieinander — es gibt kein Werden ohne Sterben.*

Gertrud Weismantel

1 Wilhelm Müller-Jurgens, Apokalypse. Die geheime Offenbarung und ihre Deutung. Nürnberg 1961, S. 40 und 139

Biographische Daten Leo Weismantels

1888 Geboren im Rhöndorf-Obersinn/Ufr.

1908–1915 Studium an der Universität Würzburg – Promotion zum Dr. phil.

1915 Verheiratung mit Luise Wetzell

1915–1919 Lehrer an einer privaten Handels- und Realschule in Würzburg

1917 Veröffentlichung des ersten Romanes: Mari Madlen

1920 Übersiedlung nach Marktbreit/Main. Freischaffender Schriftsteller: Dramen, Rhöndichtungen. – Pädagogisch tätig auf dem Gebiet der Erwachsenenbildung.

1921 Bühnenspiel: Totentanz 1921 – Uraufführungen parallel in Nürnberg und Bonn. Übersetzung ins Japanische – Aufführung in Tokio.

1922 Fastenrath-Preis der Stadt Köln

1923 Kleist-Preis

1924–1928 Abgeordneter der christlich-sozialen Volkspartei (sog. Heller-Partei) im Bayerischen Landtag – ohne Parteimitgliedschaft. Besonderes Engagement in der Bildungs- und Kulturpolitik.

1928 Gründung eines Lehr- und Forschungsinstituts in Marktbreit/Main zur Förderung der Erneuerung des Schulwesens. Forschungsaufträge durch den Völkerbund und das Reichsinnenministerium.

1931–1933 Soziologische Untersuchungen im ehemaligen Oberschlesien im Auftrag von Dr. Joseph Wirth. – Vorarbeiten für eine Geschichte der Nachkriegszeit. Verfasser einer unter dem Pseudonym »Gregor Franke« in den Märzwahlen gegen die nationalsozialistische Propaganda eingesetzten Flugschrift.

1933 Beginn der politischen Verfemung als »Jude« und »Systemblüte« in der Nazipresse. Einschränkung der Publikationsmöglichkeiten. Behinderung der wissenschaftlich-pädagogischen Arbeiten.

1936 Definitive Schließung des Marktbreiter Institutes. Übersiedlung nach Würzburg. Schriftstellerische Arbeiten: Religiöse Schriften, Künstlerbiographien.

1939 Inhaftierung

1942 Verbot jeder Veröffentlichung

1944 Inhaftierung – nach der Entlassung Aufnahme eines zweiten Wohnsitzes in Obersinn/Ufr.

1945 Verlust der Würzburger Wohnung bei der Zerstörung Würzburgs am 16. März.

1945–1947 Schulrat im Kreis Gemünden/Main

1947–1951 Leiter des Päd. Instituts in Fulda – Professur für Kunsterziehung und Deutsch.

1949–1954 Mitglied der Deutschen Akademie für Sprache und Dichtung in Darmstadt – 1950 Mitglied des PEN-Zentrums der Bundesrepublik Deutschland – 1953 Mitinitiator des Wartburgkreises christlicher Schriftsteller – Teilnahme an der »Deutschen Begegnung« in Berlin-Ost – Politisch engagiert in der Gegnerschaft zur Wiederaufrüstung, zur atomaren Bewaffnung und in der Verständigungsbereitschaft gegenüber dem Osten.

1956 Übersiedlung nach Jugenheim/Bergstraße – Politische Schriften zur Tagespolitik.

1958 Verleihung der Willibald-Pirkheimer-Medaille in Nürnberg – Schwerer Autounfall.

1961–1963 »Deutschland – Land ohne Hoffnung«. Eine deutsche Novene aus den Lebenserinnerungen.

1963 Ehrendoktorwürde der Humboldt-Universität Berlin/Ost – Verleihung der Carl-von-Ossietzky-Medaille und der Max-Dauthendey-Plakette.

1964 16. September verstorben nach einem Herzinfarkt in Rodalben/Pfalz – Letzte Ruhestätte in Jugenheim/Bergstraße

Die wesentlichsten Werke

1. Rhöndichtungen
Mari Madlen (1917) — Das unheilige Haus (1922) — Die Rhöntrilogie: Das alte Dorf / Das Sterben in den Gassen / Die Geschichte des Hauses Herkommer (1928—1932)

2. Religiöse Schriften
Das Buch der Hl. Drei Könige (1929) — Elisabeth (1931) — Maria (1933) — Gnade über Oberammergau (1934 — Neuauflage 1984) — Der Prozeß Jesu (1935) — Die guten Werke des Herrn Vinzenz (1937) — Franz und Clara (1938) — Die Letzten von Sankt Klaren (1940)

3. Künstlerbiographien
Dill Riemenschneider (1936) — Lionardo da Vinci (1938) — Gericht über Veit Stoß (1939 — Neuauflage 1983) — Die Grünewald-Trilogie: Das Totenliebespaar / Der bunte Rock der Welt / Die höllische Trinität (1940—1943) — Der Dürer-Roman: Albrecht Dürers Brautfahrt in die Welt / Der junge Meister (1950)

4. Bühnendichtungen
Die Reiter der Apokalypse (1919) — Der Wächter unter dem Galgen (1920) — Der Totentanz 1921 — Die Kommstunde (1924) — Lionardo da Vinci (1927) — Salas y Gomez (*1941) — Der Frankfurter Jedermann (*1948) — Der Mann, der Judas hieß (*1958) — Das Interview (*1962)

5. Pädagogische und kulturpolitische Schriften
Der Katholizismus zwischen Absonderung und Volksgemeinschaft (1926) — Bayern und die Wende der Bildung (1926) — Die Schule der Lebensalter (1928) — Der Geist als Sprache (1927) — Der Proletarier, sein Kind und dessen Schule (*1931) — Die Frage des Sokrates (*1947) — Das geopferte Kind (*1957) — Der verspielte Friede, — das verhökerte Reich. Acht offene Briefe an einen Bundestagsabgeordenten (1956) — Die Stimme des Papstes. Gedanken zur christlichen Gewissensforschung anläßlich der Weihnachtsbotschaft vom 23. Dezember 1956 (1956)

Das weitgehend vergriffene Gesamtwerk wird seit 1982 von der Leo-Weismantel-Gesellschaft e. V. betreut (Gutenbergstraße 16 — 6104 Seeheim-Jugenheim).

---

* Unveröffentlichte Manuskripte

Die Augenzeugen

Brönner, Anna — Musikpädagogin — wohnte 1945 Morellistraße 1. Sie starb am 3. Dezember 1982. Die Druckerlaubnis gab Frau Ursula Bach, Würzburg, Scheffelstraße 15, in ihrer Eigenschaft als Testamentsvollstreckerin.

Dill, Alfred lebt heute als Rentner in Obersinn/Ufr. Sein Weg durch das brennende Würzburg begann in der Theaterstraße 4 (damals Adolf-Hitler-Straße), wo er die Wohnung Leo Weismantels behütete, nachdem dieser sie verlassen hatte.

Dülk, Hildegard lebt heute als Postbeamtin i. R. in Unterpleichfeld.

Engelhardt, Herbert lebt heute als Dipl.-Kaufmann in München.

Ettighoffer, P. C. — Schriftsteller — ist verstorben. Seine zweite Ehefrau, Frau Eliane Ettighoffer, gestattete den Nachdruck seines Briefes. Sie lebt in Zülpich, Bonner Straße 12.

Geist, Paul starb im Jahre 1961. Die Druckerlaubnis gab sein Sohn Wilhelm Geist, Würzburg, Friedenstraße 32.

Dr. Gräbner, Georg ist 1968 verstorben. Die Druckerlaubnis gab seine Tochter Walburga Gräbner, Würzburg, Arndtstraße 44.

Hastler, Josef — 1945 Pfarrer in Randersacker — ist 1958 verstorben. Die Druckerlaubnis gab seine Nichte Marianne Schrauth, Würzburg, Steinbachtal 35.

Dr. Klemmert, Adam — Justizrat — ist verstorben. Die Druckerlaubnis gab sein Sohn Dr. Oskar Klemmert, Bonn, Schlegelstraße 1.

Köhler, Gertrud ist 1981 gestorben. Die Druckerlaubnis gab ihr Ehemann Dr. Harry-Werner Wolf, Bad Mergentheim, Löffelstelzer Straße 17.

Dr. Maginot, Alfons war Zahnarzt. Er wohnte am 16. März im Steinbachtal 32, weil seine Wohnung in der Stadtmitte bereits bei den vorausgegangenen Angriffen schwer beschädigt worden war. Die Druckerlaubnis gab seine noch heute dort lebende Frau Therese Maginot.

Münch, Herbert lebt als Redakteur in Würzburg.

Schneider, Barbara — Hausfrau — ist verstorben. Die Druckerlaubnis gab ihr Sohn Otto Schneider, Schweinfurt, Bahnhofstraße 6.

Weishaupt, Anne — Musikerin — starb 1963. Die Druckerlaubnis gaben Frau Doris Weishaupt, 37 Byron Street — Bradford USA und Frau Maria Brönner, Würzburg, Neutorstraße 15.